時短、かんたん、パターンいろいろ

まとめて作り置きの決定版

つくおき ③

JN162112

「つくおき3」をお手にとってくださり、ありがとうございます。

2015年10月に「つくおき」、2016年4月に「もっとつくおき」を出版し、
3冊めの作り置きレシピ本となります。
今回は、2009年から作り置きをはじめた私の
「生活スタイル別の作り置き」がメインテーマになっています。

2009年から今までの8年間で、就職、結婚、そして出産と、
自分の生活は大きく変わっていきましたが、
作り置きはいつも無くてはならないものでした。
ふり返ってみると、生活の変化に合わせて、
週末に作るおかずの品数や考え方は、たえず変化しています。

この本には、そうした変化の中でこれまで私が実践してきた
「週末まとめて作り置き」を、生活スタイル別に数パターン掲載しています。

もちろん、ご自身の生活にまったく同じように当てはめる必要はなく
例えば、ひとり暮らしのスタイルは、ひとり暮らしの方に限らず、
少量の作り置きをしたい方にもぴったりだと思います。

私自身もコレといった方法にしばられず、日々より適した方法に変えながら、
作り置きを続けています。

おかずが少しでも冷蔵庫にあると安心感を得られ、心にゆとりができるのは、
作り置きの醍醐味だと思います。

皆様の日々の料理の手助けに、少しでもお役に立てれば嬉しいです。

nozomi

つくおき 3 CONTENTS

時短、かんたん、パターンいろいろ
まとめて作り置きの決定版

はじめに 2
「つくおき」の作り置きはこんな感じです 6
「つくおき」の調理器具 8
「つくおき」スタメン調味料 10
プラスαの調味料 11
「つくおき」とライフスタイルの変化 12

PART1
「つくたし」ありの 1週間で13品作り置き 15

1週目 16
週末作り置きのタイムスケジュール 18
メニュー選びの基本1 19
ヘルシーハンバーグ 20
豚肉とさつまいもの甘辛炒め 21
マカロニサラダ 22
ほうれん草とひじきのポン酢しょうゆあえ 23
ブロッコリーとかぼちゃの粒マスタード炒め 24
れんこんと油揚げの煮物 25
なすのしょうが煮 26
ミニトマトのマリネ 27
鶏肉はちみつしょうが焼き 28
鮭とポテトのグラタン 29
カニクリームスコップコロッケ 30
切り干し大根明太子あえ 31
小松菜と高野豆腐の含め煮 32
今週の食べ方 33

2週目 36
週末作り置きのタイムスケジュール 38
メニュー選びの基本2 39
いんげんとしその豚巻き 40
煮鶏 41
漬けておくだけサラダ 42
もやしとベーコンのポン酢あえ 43
きゅうりのしょうゆ漬け 44
かぼちゃの塩バターあえ 45
新じゃがいものオイマヨコロコロ 46
小松菜そぼろ 47
きのこの和風煮込みハンバーグ 48
ソース手羽先グリル 49
にんじんとしょうがのマリネ 50
たっぷり野菜のドライカレー 51
さつまいもとクリームチーズのデザートサラダ 52
今週の食べ方 53
コラム1 保存の基本について 56
コラム2 冷凍保存するときのコツ 58

PART2
少しの時間でできる 2週間で10品作り置き 59

1週目 90分で6品 60
2週目 60分で4品 61
週末作り置きのタイムスケジュール 62
チリコンカン 64
チキンのコーンクリーム煮 65
ごぼうとにんじんのマヨサラダ 66
ズッキーニと卵の炒め物 67
オクラのごまあえ 68
切り干し大根のナポリタン風 69
チーズインハンバーグ 70
豚肉と大根の炒め煮 71
筑前煮 72
なすとパプリカの甘酢炒め 73
コラム3 冷蔵庫の整理術 74

PART3
週末に12品 まとめて作り置き 75

150分で12品 76
今週のポイント 77
週末作り置きのタイムスケジュール 78
豚肉の塩だれ 80
ぶりの照り焼き 81
韓国風焼き肉 82
ハニーマスタードチキングリル 83
カレー肉じゃが 84
小松菜とにんじん、ささ身のあえ物 85
中華春雨 86
なすの梅肉おかかあえ 87
酢じょうゆ煮卵 88
れんこんの塩こんぶあえ 89
ほうれん草とベーコンのバター炒め 90
ひじきとツナの煮物 91

コラム4 保存容器のメリットデメリット……92

PART4
作り置きできるアレンジおかず……93

ほぐし蒸し鶏……94
棒棒鶏……95
ほぐし蒸し鶏と野沢菜のだし茶漬け……96
ほぐし蒸し鶏のポテトガレット……97
ゆで鶏だんご……98
和風鶏だんごスープ……99
鶏だんごもやしそば……100
エスニック風鶏だんご春雨スープ……101
ほぐし鮭……102
ほぐし鮭の卵焼き……103
ほぐし鮭の玉ねぎチーズ焼き……103
ほぐし鮭とブロッコリーのポテトサラダ……103
塩キャベツ……104
塩キャベツとツナ、トマトのサラダ……105
塩キャベツの塩こんぶあえ……105
塩キャベツ焼き……105

PART5
作り置きおかずカタログ……106

酢鶏……107
チキンソテー トマトソース……108
ねぎだれ唐揚げ……109
手羽元と卵の煮込み……110
鶏ささ身のゆずこしょうみそ炒め……111
鶏ささ身南蛮……112
鶏ひき肉と豆腐の和風ヘルシーハンバーグ……113
コーンと玉ねぎの鶏シュウマイ……114
ミートポテト……115
豚肉のしょうが焼き……116
豚しゃぶきゅうり……117
豚肉とキャベツのにんにくバター炒め……118
豚肉の和風わさび漬け焼き……119
スペアリブのオーブン焼き……120
トマみそ煮込みハンバーグ……121
スコップチーズトマトハンバーグ……122
ふわふわミートボールのBBQソース風……123
牛ごぼう……124
あじとししとうの甘辛揚げ焼き……125
たらの香味野菜あんかけ……126
さばのみそ煮……127
お揚げの甘辛煮……128
白菜とツナのうま煮……128
たらことこんぶのつくだ煮……129

もやしとツナのさっぱり酢あえ……129
甘酢れんこん……130
しめじしぐれ……130
さつまいもとごぼうの甘辛煮物……131
さつまいもと豆のマスタードサラダ……131
カリカリじゃことじゃがいものペペロンチーノ……132
ツナコーン玉ねぎの炒め物……132
ツナにら卵……133
しょうがきんぴら……133
にられんこんまんじゅう……134
桜えびとねぎのチヂミ風……134
チーズちくわ磯辺揚げ……135
ピーマンの焼きびたし……135
パプリカのガーリックマリネ……136
夏野菜のしょうゆ漬け……136
コンソメスープの素……137
ペッパーきゅうり……137
金ごまきゅうり……138
長いもの梅おかかあえ……138
ラディッシュの甘酢漬け……139
セロリの和風漬け……139

さくいん……140

この本の使い方

・材料や作り方にある「小さじ1」は5ml、「大さじ1」は15ml、「1カップ」は200mlです。
・野菜類は特に表記のない場合は皮をむく、洗うなどの作業をすませてからの手順を説明しています。また肉類の余分な脂身の処理も同様です。
・本書で使用している電子レンジは500Wです。
・レンジやオーブンなどの調理器具をご使用の際は、お使いの機種の取扱説明書にしたがってください。加熱時間の目安、ラップの使用方法などに関しては、取扱説明書にある使い方を優先させてください。
・調理時間は下ゆでや漬け時間などを省いた時間です。
・保存容器はお使いのものの取扱説明書にしたがって洗浄・消毒した清潔な状態でご使用ください。
・表記されている金額は編集部調べ（2017年3月現在）です。

「つくおき」の作り置きは こんな感じです

作り置き生活ってどんなものなの？ 初めての方でも続けられるコツと、利点をまとめました。

1

家にある食材の在庫を把握する

冷蔵庫に何があるのか、乾物などの保存食は残っているか、常備品は切れていないか。買い物の前にざっと確認しておきます。

余っている食材があれば、できるだけそれを使うレシピを作るように意識します。前の週に作ったおかずが残っていることもありますので、引き続き食べるか冷凍するかなども判断してから買い物に行くようにします。食材に無駄が出ず、買い物も最小限に抑えられます。

2

品数は臨機応変に

外食の予定が多くあったり、仕事が忙しかったりと、食べる量も時間もその週によって様々だと思います。必ずこの日にこの品数を作らなければと決める必要はないので、家庭のスケジュールに合わせて作るものや品数を変えると、長続きしやすいのではないでしょうか。わが家では毎日作り置きのおかずを食べていますが、週の半分は作り置き、もう半分は作り置かないおかずでも、構わないと思います。

③ 作るレシピはバランスよく

　レシピの組み合わせは、いろいろなバランスで決めています。私が特に気にするのは、使う調理器具は同じものに偏っていないか？　味は似てしまっていないか？　色が全部同じになっていないか？　というところです。この3点のバランスをとるだけで、栄養やボリューム的なバランスが自動的によくなっていくような気がします。

④ 時間のまとまりを意識する

　週末1回のまとめ調理をしていた時は、平日帰宅してから調理にほとんど時間をかけずに済み、仕事のある日の夜に自分の時間ができる点がとてもよかったです。
　現在は家族が増えたことでライフスタイルが変わり、土日にかかわらず週に2日程度、数品作り足しをすることもあります。台所にいる時間をある程度まとめることで、ほかの事をする時間が長めに取れるようになり、時間を有効に使えます。

「つくおき」の調理器具

普段使っているスタメンの調理器具をご紹介します。

なべ

直径18cmのフタつき片手なべは、あらゆるゆで物、煮物に。青菜の下ゆでもこれを使って1束ゆでてしまいます。このほかに大なべもあり、大きなものを煮る時や湯をたっぷり使う時はそちらを使用します。

フライパン

直径26cmのフッ素樹脂加工フライパンです。少し深さがあるので、揚げ物もできます。中身が見えるガラスのフタがついています。

まな板

まな板は2枚です。通常サイズのものは樹脂製で裏面は滑り止めつき。ミニサイズのものはシリコン製で薬味などを切ります。

菜箸

菜箸は両端が使えるタイプを愛用しています。作ったものを保存容器に移す時などは、普通の箸を使います。

ボウル

ボウルはステンレス、耐熱ガラスのものを用途に合わせて使用しています。ざるとセットだったので、サイズが合っていて使いやすいです。IKEAの小さいサイズのボウルも重宝します。

バット・網
バットと網は揚げ物の時はもちろん、粉づけの時にも活用します。

ざる
盆ざるは私にとって欠かせないスタメンアイテム。ゆであがった野菜を湯切りし、広げて冷ますのに使っています。

計量スプーン
計量スプーンは貝印のもの。ステンレス製で、平らなところに置いて液体が計量できるのが特徴です。大さじと小さじのみをスタンバイしています。

計量カップ
オクソーの計量カップは上から見ても計量ラインがわかるようになっているので、置いての計量がしやすいです。合わせ調味料を作るのもこの中でやってしまいます。

調理家電
出番が多いのはデロンギのコンベクションオーブンや電子レンジ、炊飯器、電気ケトルなどです。魚焼きのグリルはほとんど使わず、その分オーブンでの調理が多いです。

「つくおき」スタメン調味料

砂糖
きび砂糖や三温糖など茶色い砂糖を使っています。料理のコクが増す気がします。

塩・こしょう
塩は自然塩を選んでいます。こしょうはミルつきの粗びきタイプです。

酢
ツンとこない甘みのある調味酢と、一般的な穀物酢を使い分けています。

しょうゆ
以前は減塩タイプでしたが、普通のものに変えました。新鮮なうちに使い切れる分量で。

みそ
普段はごく普通の麹みそを使っています。コクのある赤みそも常備しています。

みりん
みりん風調味料ではなく、本みりんを選ぶようにしています。こちらも小さめのボトルで。

酒
スーパーで買える料理酒。食塩無添加のものを選んでいます。

チューブタイプの薬味
わさび、にんにく、しょうがを常備しています。風味を出したい時は、生のものをすりおろします。

白だし
（濃縮タイプ）
和風おかずによく登場する、塩けがきいた濃厚なだし。味が決まりやすいです。

スープのもと各種
（中華スープ、コンソメ）
中華スープは練りタイプを、コンソメは顆粒タイプを使っています。

グレープシードオイル・サラダ油
油は基本的にクセのないグレープシードオイル。サラダ油でも代用できます。

オリーブオイル
使用頻度はそれほど高くありませんが、風味や香りを出したいレシピに登場。

ごま油
コクを出したい時や、中華系の味つけには欠かせません。

ポン酢しょうゆ
あえ物などで、さっぱりとした味つけにしたい時に使用します。

トマトケチャップ
かけて使うのはもちろん、中華や洋風おかずの味つけに重宝しています。

マヨネーズ
サブおかずによく使う調味料。ソースなどに使用することも多いです。

中濃ソース
トマト風味などと相性がよく、洋風おかずのソースによく使います。

カレールウ・カレー粉
カレールウはフレークタイプ。レシピによってカレー粉と使い分けます。

プラスαの調味料

1 粒マスタード
はちみつやしょうゆを組み合わせて使うことが多いです。

2 オイスターソース
少し加えるだけでうまみが増すので、しょうゆの代わりによく使います。

3 コチュジャン
韓国の甘辛みそ。アジア風のおかずにコクと辛さを足したい時に。

4 豆板醤（トウバンジャン）
定番の味に変化をつけたい時、ピリ辛風味に仕上げるために使います。

5 甜麺醤（テンメンジャン）
照りのある中華風甘みそ。本格的な中華味に近づけたい時の隠し味に。

6 レモン汁
手軽に使うために濃縮タイプのものが便利。いろいろなジャンルのおかずで幅広く使えます。

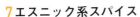

7 エスニック系スパイス
（クミンパウダー・コリアンダーパウダーなど）
スパイスがきいた料理が好きなのでいろいろ常備しています。よく使うのがクミンとコリアンダーとローズマリーです。

8 ゆずこしょう
「こしょう」という名前ですが辛さのもとはしっかり辛い唐辛子。下味づけに使うこともあります。

9 ラー油
プッシュして出す一般的なタイプのものを愛用。仕上げに使ってピリッとパンチを出します。

10 バター
値段が高いですが、洋風おかずの隠し味に少量使うことがあります。

※酢について
私は調味酢をメインにして、穀物酢、ビネガー、バルサミコ酢を使い分けています。
調味酢がない場合は少量から味を見て調整してください。
穀物酢に少量の砂糖を加えると調味酢に近い味わいになりますが、お酢のまろやかさが違いますのでこちらも少量から味を調整してください。

「つくおき」とライフスタイルの変化

ひとり暮らしの「つくおき」

> 生活スタイル

- 勤務日（週5日）は平均して20時頃帰宅、遅い時は0時頃
- 平日の外食は週1回程度
- 毎日お弁当を持参
- 作り置きは、特に予定がなければだいたい日曜の午後にまとめて

> 作り置きのスタイル

 1週目に多めに作り置き、2週目に作り足す、
2週間1セットスタイル

　日持ちするおかずを多めに作る週（2時間）と作り足す週（1時間）を交互に実践していました。
　1週目に作るのは7日ぐらい日持ちするもの中心。週の半ばに冷凍保存に切り替えて翌週に持ち越すことが多く、ハンバーグや唐揚など冷凍しやすいおかずの登場頻度が高かったです。2週目は、残っているおかずを見て、食べきれる分だけ作り足していました。
　お弁当に入れやすいおかずを作ることを意識していたので、お弁当も毎日持参。食費は1か月で1万円ぐらいです。コンロは2口でしたが狭く、基本的な調理器具はフライパンと片手なべ、電子レンジくらいでした。オーブンはなかったです。

> こんな方におすすめ

- ☑ 作り置き初心者でたくさんの量は作れない
- ☑ 毎週末まとまった調理時間が取りづらい
- ☑ たくさん作っても余らせてしまいがち
- ☑ 外食や作り置かないおかずと、うまく組み合わせたい

家族が増え、ライフスタイルが変わることで「つくおき」の方法にも変化がありました。わが家のパターンをご紹介することで、皆様それぞれの生活に合わせて「つくおき」を自由にアレンジしていただければと思います。

ふたり暮らしの「つくおき」

生活スタイル

- 夫の帰宅時間は18時過ぎ、私は19時過ぎ〜22時とまちまち
- 平日の外食はお互い週1回程度
- 週末は作り置かないメニューか、外食がメイン
- ほぼ毎日お弁当を持参

作り置きのスタイル

週末ごとに
1週間分のおかずをまとめて作り置き

週末にまとめて買い出し→調理して、平日5日で食べきるスタイルです。その時々の予定にもよりますが、だいたい12〜15品ほどを作りやすい分量で、2〜3時間かけてまとめ調理していました。下ごしらえなどがある場合は前日に行うなど、調理を分散して手間を減らすこともありましたね。

作り置きしたおかずが余ったら冷凍するか、週末を使って食べきっていました。食費はふたりで1か月2万円強ぐらいです。

こんな方におすすめ

- ☑ 日々のごはん作りの手間を減らしたい
- ☑ 毎日メニューを考える手間を省きたい
- ☑ 土日にまとまった時間が取りやすい
- ☑ 平日はほぼ家で食事をする

3人暮らしの「つくおき」

生活スタイル

- 平日は、夫は仕事、私は自宅で家事・育児（育児休暇中）
- 夕食は基本的に作り置きおかず。昼食（お弁当）も作り置きおかずが中心
- 休日はたまに出前を取ったり外食したりも

作り置きのスタイル

週末は2時間以内で作り置き、平日は数品作り足し

週末に10品ほどまとめて作り置き。その後、1週間に2回ほどおかずを作り足すスタイルです。

メインの作り置きは週末のどこかで2時間ぐらい、夫に子供を見ていてもらってまとめ調理します。とはいえ連続した調理時間が取れないこともあるので、下ごしらえを細切れに行うことが増えました。例えばハンバーグでは、〈①たねをまとめる〉〈②たねを成形する〉〈③焼く〉の①②を子供から目を離せるちょっとした時間にやっておき、③だけはほかのおかずと合わせて調理しています。

作り足しはおかずが少しなくなってきた時に2〜3品をまとめて作ります。煮込みやオーブン調理など、作っている間に手を放してほかの事ができるレシピは便利です。

+

こんな方におすすめ

- ☑ 調理時間が細切れになる
- ☑ 日々の隙間時間を活用したい
- ☑ 毎週の作り置きの量を微調整したい
- ☑ いつ調理できるかわからない

「つくたし」ありの
1週間で13品作り置き

週末に1時間半ほどかけて8品をまとめて作り、平日に2〜3品を作り足します。
家族が増え、週末に2時間以上の調理時間を取るのが難しくなったことで、
たどり着いたスタイルです。

1週目

メニュー名

1. ヘルシーハンバーグ
2. 豚肉とさつまいもの甘辛炒め
3. マカロニサラダ
4. ほうれん草とひじきの
   ポン酢しょうゆあえ
5. ブロッコリーとかぼちゃの
   粒マスタード炒め
6. れんこんと油揚げの煮物
7. なすのしょうが煮
8. ミニトマトのマリネ

買ったものリスト

肉・魚介類

豚ひき肉	300g
豚肩ロース薄切り肉	270g
鶏もも肉	150g

野菜類

さつまいも	250g
ブロッコリー	小1個
かぼちゃ	300g
れんこん	1節
玉ねぎ	1½個(作り足し分も含める)
にんじん	1本
ほうれん草	1袋
なす	大3本
ミニトマト	1パック

その他(常備食材・加工品)

大豆水煮(パウチタイプ)	1袋
乾燥芽ひじき	10g
ウインナーソーセージ	1袋
マカロニ	1袋
卵	2個
油揚げ	1袋(2枚)
しょうが 3〜4かけ(作り足し分も含める)	

メニュー名

9 鶏肉はちみつしょうが焼き
10 鮭とポテトのグラタン

🛒 買い足したものリスト①

肉・魚介類

鶏むね肉	350g
生鮭	3切れ

野菜類

じゃがいも	1個

その他（常備食材・加工品）

ピザ用チーズ	1袋

メニュー名

11 カニクリームスコップコロッケ
12 切り干し大根明太子あえ
13 小松菜と高野豆腐の含め煮

🛒 買い足したものリスト②

野菜類

小松菜	1袋

その他（常備食材・加工品）

からし明太子	約35g
カニ缶	1缶
切り干し大根	1袋
高野豆腐	2枚

週末作り置きのタイムスケジュール

まとめて8品調理（90分）

手順	火を使わない	片手なべ	フライパン
①	ひじきを戻す		
②		ほうれん草をゆでる	
③	ポン酢しょうゆあえ用のにんじんをレンジ加熱		
④		卵をゆでる（約10分）	
⑤	マカロニサラダ用のにんじん、玉ねぎをレンジ加熱する		
⑥	マリネ液をレンジ加熱、ミニトマトに切り込みを入れる		
⑦	ミニトマトのマリネを漬ける		
⑧	れんこんと油揚げ、鶏肉を切り、下ごしらえする		
⑨		マカロニをゆでる（約8分）	
⑩	ブロッコリー、かぼちゃ、ウインナーを下ごしらえする		
⑪			ブロッコリーとかぼちゃの粒マスタード炒めを炒める
⑫	マカロニサラダをあえる		
⑬	ハンバーグのたねを作り冷やす		
⑭		れんこんと油揚げの煮物を煮る（20〜30分）	
⑮	ほうれん草とひじきのポン酢しょうゆあえをあえる		
⑯	なすとしょうがを切る		
⑰			なすのしょうが煮を煮る（約10分）
⑱	ハンバーグを成形する		
⑲			ヘルシーハンバーグを焼く（約10分）
⑳	さつまいもを水にさらす、豚肉を下ごしらえする		
㉑			豚肉とさつまいもの甘辛炒めを炒める

90分

※フライパンは使用するたびに洗っています

メニュー選びの基本 1

まとめて作り置きをする時に気にしている基本と、
今週のポイントです。

① 調理工程の基本

効率のよい時間運びができるように、時間のかかるもの、さっとできるもの、ほうっておけるものを組み合わせます。

今週のポイント　副菜は火を使わないおかずが1品、ゆでてあえるものを2品入れ、フライパン調理を少なくしました。

② 食材の基本

似た食材が重ならないようにします。彩りのバランスがよくなることを意識すると、食材も自然とばらけることが多いです。

今週のポイント　根菜ばかりにならないように、ミニトマトやほうれん草を加えました。まとめて8品のメインおかずは豚肉だったので、作り足しでは鶏肉、魚のおかずにしました。

③ 味の基本

しょうゆ味、みそ味、甘辛味、洋風、中華風と、味かぶりがないようにバランスを取ります。

今週のポイント　和風の副菜、洋風の副菜、どちらにでも合いそうなハンバーグを入れました。

④ 日持ちの基本

早めに食べきるもの、長く持つもの、冷凍できるものと、偏らないようにしています。

今週のポイント　マカロニサラダは日持ちが短めですが、他のおかずは長めのものにしました。

1週目・メイン

豆の水煮は袋のままつぶすことで時短になります。ひじきも入って栄養たっぷり。お好みのソースで食べてください。

調理時間 **30**分 ／ 保存 冷蔵**4**日 ／ **¥461** ／ フライパン調理 ／ お弁当に ／ 冷凍しても

ヘルシーハンバーグ

材料（保存容器大1個分）

豚ひき肉……300g
大豆水煮（パウチタイプ）
　……1袋（195g）
乾燥芽ひじき……5g
A［白だし、しょうゆ各大さじ½］

作り方

1. 大豆は袋の上から手でつぶす。ひじきは水で戻す。
2. ボウルに、1の豆とひき肉を入れてよく混ぜ合わせ、水けをきったひじき、Aを加えてさらによく混ぜ合わせる。
3. 2のたねを10等分にし、丸く成形する。フライパンに並べ入れ、片面を強火で約2分焼く。
4. 焼き色がついたら裏返し、フタをして中火～弱火で6～7分蒸し焼きにする。好みのソースを添える。

MEMO

**大豆は袋の上から
つぶすと簡単**

大豆水煮は袋に入れたまま上から手でつぶします。お好みで形が少し残るくらいにしてもいいです。

**一度冷やすと
成形しやすい**

時間があるときは肉だねを一度冷やすと、成形しやすくなるうえ、焼いた時に肉汁が逃げにくくなります。

さつまいもの甘みと豚肉のコクが相性のいいレシピ。さつまいもに味がよくしみるので、豚肉と食べるとちょうどよい濃さです。

調理時間 20分　保存 冷蔵5日　¥508　フライパン調理 　お弁当に

豚肉とさつまいもの甘辛炒め

材料（保存容器大1個分）

豚肩ロース薄切り肉……270g
さつまいも……250g
小麦粉……大さじ1
A［みりん、しょうゆ各大さじ2　酒、砂糖各大さじ1］
いり白ごま……適量
サラダ油……適量

作り方

1. さつまいもは食べやすい大きさに切り、10分程度水にさらす。豚肉はフォークで数か所さして筋切りし、小麦粉を薄くまぶす。
2. フライパンに油を熱し、豚肉を数枚ずつ広げながら焼き、余分な脂をペーパータオルでふき取る。
3. 2の豚肉の上にさつまいもをのせる。フタをして中火で3分程度、さつまいもに火が通るまで蒸し焼きにする。※さつまいもの大きさによって蒸し時間を調整する。
4. フタを取ってAを入れ、2分程度煮詰めながら炒める。いりごまを加える。

MEMO

ロース肉は筋切りをする
肩ロースはコクがあり、脂肪も適度にあって食べやすいため、幅広く料理に使えます。フォークなどでさすか、包丁で赤身と脂肪の境にある筋に切り込みを入れて「筋切り」をすると、焼くときに肉の縮みを防ぎ、火がムラなく通ります。お好みで豚こま切れ肉などを使っても大丈夫です。

豚肉の焼き方
豚肉は数枚をフライパンの中央に広げ、ほどよく焼けたら外側に寄せます。この作業を何回か繰り返して焼くと、肉同士がくっつきません。一度に全部入れて焼くよりも焼きムラが少なく、やわらかく仕上がります。

1週目・サブ

冷やしておいしい定番サラダ。たんぱく質も野菜もとれ、食べごたえもあります。翌日は味がなじんで、よりおいしいです。

調理時間 **15分**　保存 **冷蔵2日**　**¥124**　片手なべ調理 　電子レンジ調理 　お弁当に

マカロニサラダ

材料（保存容器大1個分）

マカロニ……50g
卵……2個
玉ねぎ……¼個
にんじん……½本
A［マヨネーズ、調味酢各大さじ2　サラダ油大さじ1　顆粒コンソメ小さじ1　しょうゆ小さじ1　粗びき黒こしょう少々］
パセリ……好みで
※調味酢についてはp.11参照

作り方

1. 卵は固ゆでにして粗みじん切りにする。マカロニは袋の表示通りにゆでる。にんじん、玉ねぎは細切りにして耐熱容器に入れ、ふわりとラップをして電子レンジで2～3分加熱する。
2. 1の卵とAをよく混ぜ合わせ、マカロニ、にんじん、玉ねぎを加えてあえる。好みでパセリを散らす。

MEMO

調味酢がおすすめ
調味酢は、ミツカンの「やさしいお酢」を使っています。穀物酢よりもまろやかでツンときません。穀物酢で作る場合はレシピの分量よりも少量でお試しください。

**マカロニの
くっつき防止**
マカロニをゆでてからすぐに使わない場合は、Aの油だけ先にマカロニとあえておくと、くっつかずに使いやすくなります。

早く食べきる
このレシピは保存2日と短め。3日めに食べたときに少しマカロニの食感が落ちる気がしました。気にならないようなら3日でも大丈夫です。

ポン酢しょうゆとあえるだけで、味が決まるので簡単です。彩りがよく、お弁当にもおすすめです。

調理時間 10分　保存 冷蔵4日　¥200　片手なべ&電子レンジ調理 　お弁当に

ほうれん草とひじきの
ポン酢しょうゆあえ

材料(保存容器中1個分)

ほうれん草……1袋
乾燥芽ひじき……5g
にんじん……½本
A［ポン酢しょうゆ大さじ2.5　かつお節(小分けタイプ) 1パック］

作り方

1. ほうれん草は塩ゆでし、4等分に切って水けをきる。にんじんは細切りにして耐熱容器に入れ、ふわりとラップをして電子レンジで4分加熱する。ひじきは水で戻し、水けをきる。
2. ボウルに1を入れ、Aを加えてあえる。

MEMO

にんじんの加熱

にんじんの加熱時間は目安です。お使いの電子レンジによって違うので、にんじんがやわらかくなるまで加熱してください。なべでゆでても大丈夫です。

フライパンひとつでできる、ボリュームたっぷりの副菜。調味料も覚えやすく作りやすいです。

調理時間 10分 | 保存 冷蔵4日 | ¥340 | フライパン調理 | お弁当に

ブロッコリーとかぼちゃの粒マスタード炒め

材料（保存容器大1個分）

ブロッコリー……小1個
かぼちゃ……300g
ウインナーソーセージ
　……1袋
A［しょうゆ、粒マスタード
　各大さじ1］
塩……ひとつまみ

作り方

1. かぼちゃは3〜4mm幅の薄切りにする。ブロッコリーは小房に分ける。ウインナーは1.5cm幅の斜め切りにする。
2. フライパンに水60mlとかぼちゃ、ウインナーを入れてフタをし、中火で1〜2分蒸し焼きにする。
3. 2にブロッコリーと塩を加えてフタをし、中火で2〜3分蒸し焼きにする。フタを取り、Aを加えて炒め合わせる。

> **MEMO**
>
> **汁けが多い場合は**
> 水分が多すぎるときは、Aを入れる前にフタを取って水分を飛ばしてください。べちゃっとせずにほっくり仕上がります。

調味料は砂糖としょうゆだけと、とてもシンプルですが、鶏肉と油揚げのうまみがきいた味わい深いおかずです。

| 調理時間 30分 | 保存 冷蔵5日 | ¥332 | 片手なべ調理 | お弁当に |

れんこんと油揚げの煮物

材料（保存容器大1個分）

れんこん……1節
油揚げ……2枚
鶏もも肉……150g
A［砂糖大さじ2　しょうゆ
　　大さじ1.5　水200ml］
小ねぎ……好みで

作り方

1. れんこんと鶏肉は食べやすい大きさに切る。油揚げは1〜2cm幅に切り、ざるにのせて熱湯をまわしかけ、油抜きする。
2. なべに1とAを入れて火にかけ、煮立ったら弱火にし、落としブタをして煮汁が少なくなるまで煮る。保存容器に移し、好みで小ねぎを散らす。

MEMO

油揚げの保存

まとめて売られている油揚げは、すべて切って油抜きをし、水分をよくふいてからジッパー付きのポリ袋に入れ、空気をできる限り抜いてから口を閉じ、冷凍保存しています。時間がたつと冷凍庫のにおいが多少ついてしまうので、早めに使いきることをおすすめします。

れんこんの切り方

写真では、れんこんの食感がよく味わえるように、縦に大きめに切っています。お弁当に入れる場合は、お好みで半月切りやいちょう切りにするなどしてくださいね。

1週目・サブ

とろっとしたなすがおいしい煮物は、調味料の分量が1:1:1と簡単です。日にちがたつと、しょうががなすの色が移ります。

調理時間 **20分** ／ 保存 冷蔵**5日** ／ ¥134 ／ フライパン調理 お弁当に

なすのしょうが煮

材料（保存容器中1個分）

なす……大3本
しょうが……2かけ
A［白だし、しょうゆ、みりん　各大さじ1　水100ml］
サラダ油……適量

作り方

1. なすはヘタを落として縦半分に切り、皮の方に斜めに切り込みを入れる。しょうがはせん切りにする。
2. フライパンに油を熱してなすを入れ、油を手早くからめながら、なすの表面を焼く。
3. 2にAとしょうがを加え、フタをして中火でなすがくたっとするまで10分程度煮る。

MEMO

なすの大きさ
このレシピでは、1本約140gと少し大きめのなすを使用しています。小ぶりのものなら4〜5本に調整してください。

皮に切り込みを入れて味しみをよくする
なすは味がよくしみ込むように、5mmくらいの深さの切り込みを皮全体に入れます。

なすの調理のコツ
なすは切り終わったらすぐにフライパンに入れて、油を表面にからめます。なすは油をたくさん吸うので、先に油をからめておくと必要以上の吸収を抑えることができるそう。慣れてない方は、油をからめてから火にかけると、あわてずに調理できます。なすは長い時間空気にふれると変色してしまうので、切ってから炒めるまでに時間があく時、また、アクが気になる時は、塩水に10分程度つけてから水けをきって調理することもあります。

ミニトマト1パックを使ったレシピ。ミニトマトの甘みと甘酢がよく合います。2日め以降が食べごろです。

| 調理時間 5分 | 保存 冷蔵7日 | ¥180 | 電子レンジ調理 | お弁当に |

ミニトマトのマリネ

材料（保存容器中1個分）

ミニトマト……1パック
A ［穀物酢大さじ3　砂糖大さじ1　サラダ油大さじ½　塩ひとつまみ］
パセリ……好みで

作り方

1. ミニトマトはヘタを取り、⅓程度切り込みを入れる。
2. 耐熱容器にAを混ぜ合わせ、ふんわりとラップをかけて電子レンジで1分加熱する。
3. 2に1を加えて漬ける。好みでパセリを散らす。

MEMO

切り込みを入れて味しみをよくする

皮はむかず、ミニトマトに切り込みを入れることで、マリネ液がなじみやすくなります。形がくずれにくいのでお弁当にも入れやすいです。

1週目・メイン 作り足し分

はちみつを使った、コクのあるしょうが焼き。甘辛だれとしょうががよくからんでおいしいです。

調理時間 20分 ／ 保存 冷蔵5日 ／ ¥444 ／ フライパン調理 ／ お弁当に

鶏肉はちみつしょうが焼き

材料(保存容器大1個分)

鶏むね肉……350g
玉ねぎ……½個
砂糖……大さじ½
塩……小さじ½
しょうが……1～2かけ
A［しょうゆ大さじ1.5　はちみつ大さじ2　みりん大さじ1］
小麦粉……約小さじ2
サラダ油……適量
小ねぎ……好みで

作り方

1. 鶏肉は余分な脂を取り除き、フォークで数か所さして穴をあけ、砂糖→塩の順にもみ込み、食べやすい大きさにそぎ切りにする。玉ねぎは薄切りに、しょうがはすりおろす。

2. フライパンに油を熱し、中火で玉ねぎが透き通るくらいまで炒めたら、小麦粉を薄くまぶした鶏肉を入れて両面を焼く。

3. 2にAと1のしょうがを入れ、からませながら炒める。好みで小ねぎを散らす。

MEMO

むね肉の下ごしらえ
皮はお好みで取り除いてください。砂糖が水分を閉じ込め、さらに、塩にむね肉をやわらかくする効果があるため、作り置きにしてもやわらかさを保ってくれます。私は前日に下ごしらえをして一晩置いておきますが、1～2分もみ込むだけでも効果があります。

小麦粉は炒める直前に
小麦粉をまぶすことによって肉汁を閉じ込め、たれもよくからみます。早い段階で小麦粉をまぶしておいておいたり、小麦粉の量が多すぎたりするとベチャベチャになってしまうので、焼く直前に表面に薄くまぶします。

マヨネーズと牛乳を使った簡単にできるグラタンです。手に入りやすい食材で、作りやすいです。

調理時間 30分　保存 冷蔵4日　¥314　オーブン調理 　お弁当に

鮭とポテトのグラタン

材料（保存容器大1個分）

生鮭……3切れ
塩、粗びき黒こしょう
　……各少々
じゃがいも……1個
玉ねぎ……¼個
A［マヨネーズ大さじ2　牛乳、粉チーズ各大さじ1］
ピザ用チーズ……適量

作り方

1. 鮭は骨を抜いて適当な大きさに切り、塩、粗びき黒こしょうを振る。じゃがいもは5mm程度の薄切りに、玉ねぎは薄切りにする。
2. 耐熱容器の内側に薄くサラダ油（分量外）を塗り、じゃがいも、玉ねぎ、鮭、玉ねぎ、じゃがいもの順に重ねて入れる。
3. Aを混ぜ合わせて2にかけ、チーズを散らす。200℃のオーブンで20分程度焼く。

MEMO

野菜の切り方
じゃがいもは皮つきのままよく洗って使用しています。気になる場合は皮をむいてください。玉ねぎは火の通りをよくするために、できる限り薄切りにします。

重ねる順番はお好みで
じゃがいも、玉ねぎ、鮭は好みの順番で重ねて大丈夫です。チーズは上にのせるだけでなく、間に入れてもおいしいです。

1週目・メイン　作り足し分

成形いらず、揚げないので失敗なし。なのに味はカニクリームコロッケそのものの簡単レシピです。

調理時間 **30分**　保存 冷蔵**5日**　**¥455**　フライパン＆オーブン調理　お弁当に

カニクリームスコップコロッケ

材料(保存容器大1個分)

カニ缶……1缶
玉ねぎ……½個
バター……30g
小麦粉……大さじ5
牛乳……250ml
塩、粗びき黒こしょう
　……各少々
A［パン粉適量（約¾カップ）
　サラダ油適量］

作り方

1. 玉ねぎはみじん切りにする。
2. フライパンにバターを熱し、玉ねぎを加えて中火で炒める。玉ねぎが透き通ったら小麦粉を5回程度に分けて加え、弱火でしっかりと炒め合わせる。
3. 2に牛乳を3〜4回に分けて加え、混ぜ合わせながら中火〜弱火で煮詰める。カニ缶を缶汁ごと加えて混ぜ合わせ、塩と粗びき黒こしょうで調味する。
4. 耐熱容器の内側に薄くサラダ油（分量外）を塗り、3を流し入れる。
5. Aを混ぜ合わせて上に広げ、200℃のオーブンで20分程度焼く。

MEMO

小麦粉は少量ずつ
粉っぽさが残らないようにしっかりと小麦粉をフライパンで炒め、玉ねぎになじませるようにします。白っぽい部分がなくなるまでじっくり炒めることがポイントです。

パン粉とサラダ油の量
分量は使用する耐熱容器の表面積に合わせて必要な量に調整してください。パン粉をボウルなどに入れて、全体に油が行き渡るくらいまで入れて混ぜ合わせてください。

おいしい食べ方
レンジ加熱でもいいのですが、オーブンで再加熱するとパン粉もサクサクになり、できたてのおいしさが味わえます。

明太子とマヨネーズの定番の味つけでおいしい。レンジでできるので簡単です。

調理時間 10分 | 保存 冷蔵4日 | ¥258 | 電子レンジ調理 | お弁当に

切り干し大根明太子あえ

材料（保存容器中1個分）

切り干し大根……1袋（35g）
からし明太子……約35g
A［マヨネーズ大さじ1.5
　しょうゆ小さじ1］
小ねぎ……好みで

作り方

1. 切り干し大根は袋の表記通りに水で戻し、水けをきって食べやすい長さに切る。からし明太子は中身をしごき出す。
2. 耐熱容器に1と水大さじ2を入れて混ぜ合わせ、ふわりとラップをかけて、電子レンジで2分加熱する。
3. 2にAを加えてよく混ぜ合わせ、好みで小ねぎを散らす。

> **MEMO**
>
> **からし明太子の量**
> からし明太子の辛さに応じて、使用する量を調整してください。
>
> **水を加える**
> レンジ加熱する際、少量の水を加えることで水分の飛びすぎを防ぎます。

素朴で優しい味です。高野豆腐は小さめの角切りにすると食べやすいです。

調理時間 **20**分　保存 冷蔵**4**日　**¥174**　片手なべ調理 　お弁当に

小松菜と高野豆腐の含め煮

材料(保存容器中1個分)

高野豆腐……2枚
小松菜……1袋
A［白だし、砂糖各大さじ1
　しょうゆ小さじ1　水
　100ml］

作り方

1. 高野豆腐は水で戻し、1.5cm角程度に切る。小松菜は2〜3cm幅に切る。
2. なべに1とAを入れて火にかけ、ひと煮立ちしたら落としブタをして、中火〜弱火で煮汁が少なくなるまで煮る。

> **MEMO**
>
> **火加減に注意**
> 煮汁が少し残るぐらいが仕上りの目安です。火力が強すぎる場合は火を弱めるなど、火加減を調整してください。

今週の食べ方

作り置きしたおかずをどのように食べているのか、わが家の場合をご紹介します。

 月

ブロッコリーとかぼちゃの
粒マスタード炒め
マカロニサラダ
ヘルシーハンバーグ
ごはん

ハンバーグには、大根おろしと小口切りにした小ねぎを添えて、ポン酢をかけて食べました。ごはんは雑穀米です。

火

れんこんと油揚げの煮物
ほうれん草とひじきの
ポン酢しょうゆあえ
トマト
豚肉とさつまいもの
甘辛炒め
ごはん

根菜とたんぱく質が多くなったので、冷蔵庫にあったトマトを切って食べました。トマトは常に常備していて、野菜がほしい時に食べています。

今週の食べ方

水

なすのしょうが煮
ミニトマトのマリネ
ブロッコリーとかぼちゃの
粒マスタード炒め
鶏肉はちみつしょうが焼き
ごはん

前日に作り足しした鶏肉はちみつしょうが焼きをメインにしました。粒マスタード炒めはお弁当にも入れて、この日ですべて消費しています。

木

ほうれん草とひじきの
ポン酢しょうゆあえ
鮭とポテトのグラタン
トマト
ごはん

鮭とポテトのグラタンはレンジで軽く温めてから、買い置きトマトとパセリを添えて彩りよく食べました。ポン酢しょうゆあえはこれで食べきり。

ミニトマトのマリネ
小松菜と高野豆腐の含め煮
切り干し大根明太子あえ
カニクリームスコップ
コロッケ
ごはん

最初の日に作ったおかずはほとんど食べきってしまったので、作り足したおかずがメインです。カニクリームスコップコロッケは家族それぞれの分を耐熱皿に移してからオーブンで軽く温めています。

今週のお弁当例

ごはんが進むしっかりおかず
豚肉とさつまいもの甘辛炒め、ブロッコリーとかぼちゃの粒マスタード炒め、れんこんと油揚げの煮物、鶏肉はちみつしょうが焼き。汁けの少ないものを選んで詰めています。ミニトマトと刻みたくあんを添えて見た目もよく。

2週目

メニュー名

1. いんげんとしその豚巻き
2. 煮鶏
3. 漬けておくだけサラダ
4. もやしとベーコンのポン酢あえ
5. きゅうりのしょうゆ漬け
6. かぼちゃの塩バターあえ
7. 新じゃがいものオイマヨコロコロ
8. 小松菜そぼろ

買ったものリスト

肉・魚介類

豚ロース薄切り肉	約260g
鶏もも肉	1枚（約330g）
鶏ひき肉（もも）	約150g

野菜類

いんげん	約40本（2〜3袋）
青じそ	約14枚
キャベツ	¼個
にんじん	2½本（作り足し分も含める）
もやし	1袋
きゅうり	3本
かぼちゃ	½個
新じゃがいも	10個（約450g）
小松菜	1袋
スイートコーン	適量

その他（常備食材・加工品）

ベーコン	3枚
しょうが	5〜6かけ（作り足し分も含める）

火曜日 作り足し

木曜日 作り足し

メニュー名

9 きのこの和風煮込みハンバーグ
10 ソース手羽先グリル
11 にんじんとしょうがのマリネ

🛒 買い足したものリスト①

肉・魚介類

豚ひき肉	約300g
鶏手羽先	10本

野菜類

しめじ	1パック
玉ねぎ 1個(木曜日作り足し分も含める)	
青じそ	4〜5枚

その他(常備食材・加工品)

卵	1個

メニュー名

12 たっぷり野菜のドライカレー
13 さつまいもとクリームチーズのデザートサラダ

🛒 買い足したものリスト②

肉・魚介類

豚ひき肉	約300g

野菜類

ピーマン	3個
ズッキーニ	1本
トマト	大1個
さつまいも	1本

その他(常備食材・加工品)

にんにく	1かけ
クリームチーズ(個包装)	2個
レーズン	適量

⏰ 週末作り置きのタイムスケジュール

下ごしらえ

手順	おかず	下ごしらえ
①	きゅうりのしょうゆ漬け	きゅうりの板ずり

まとめて8品調理（90分）

手順	火を使わない	片手なべ（両手なべ）	フライパン
①	いんげんの筋を取る		
②		いんげんをゆでる（1～2分）（片手なべ）	
③	しょうがを2種類切る、鶏もも肉と豚肉の下ごしらえをする		
④		煮鶏を煮る（3分ゆで→1時間おく）（両手なべ）	
⑤	ベーコンを切り、もやしと一緒にレンジで加熱		
⑥	かぼちゃを切る、もやしとベーコンのポン酢あえの調味液を準備		
⑦		かぼちゃをゆでる（両手なべ）	
⑧	きゅうり、小松菜を切る		
⑨	かぼちゃの塩バターあえをあえる		
⑩		きゅうりのしょうゆ漬けを炒める	
⑪	いんげんと青じそを豚肉で巻く		
⑫			いんげんとしその豚巻きを焼く
⑬	もやしとベーコンのポン酢あえをあえる		
⑭			小松菜そぼろを炒める
⑮		煮鶏完成	
⑯	じゃがいもをレンジ加熱する		
⑰	漬けておくだけサラダを漬ける		
⑱			新じゃがいものオイマヨコロコロを炒める

90分

※フライパンは使用するたびに洗っています

メニュー選びの基本2

まとめて作り置きをする時に気にしている基本と、
今週のポイントです。

① 調理工程の基本

作業の種類だけではなく、使う調理器具も偏りがないようにします。

今週のポイント　いんげんとしその豚巻きは少し工程に手間がかかるので、ほうっておくだけのメインおかずを合わせました。

② 食材の基本

作り足しのメニューも含めて、メインとなる食材が偏らないようにバランスを取っています。

今週のポイント　かぼちゃ、じゃがいもを多く使ったので、キャベツを使ったサラダを加えました。

③ 味の基本

和風のおかず、洋風のおかず、エスニックのおかずとバリエーションがあると、味に飽きがきません。

今週のポイント　和風の味つけが多かったので、作り足しではカレーやデザートサラダを加えて、食べ飽きないようにしました。

④ 日持ちの基本

日持ちが短いものは週の前半に食べきってしまいます。

今週のポイント　今週は保存が長めのものが多かったです。時間があったので、ドライカレーを多めに作って冷凍保存しました。少しずつ多めに作って冷凍保存するとおかずが足りない時に助かります。

切り口がかわいいので、お弁当にもおすすめのおかず。もちろん温め直してもおいしいですよ。

調理時間 **20**分 ／ 保存 冷蔵**5**日 ／ ¥**609** ／ 片手なべ&フライパン調理   お弁当に

いんげんとしその豚巻き

材料（保存容器大1個分）

豚ロース薄切り肉……260g
いんげん……約40本
青じそ……約14枚
塩、粗びき黒こしょう
　……各少々
しょうゆ……小さじ2
サラダ油……適量

作り方

1. いんげんは筋を取る。塩（分量外）を入れた湯で固めにゆでて、ざるにあげて水けをきる。
2. 豚肉はフォークなどで数か所さして広げ、青じそ→いんげんの順にのせて巻き、塩と粗びき黒こしょうを振る。
3. フライパンに油を熱し、2の巻き終わりを下にして並べ、中火で焼く。焼き色がついたら裏返し、まんべんなく焼いて火を通す。
4. しょうゆで調味し、好みで粗びき黒こしょうを振る。わさびをつけて食べても。

MEMO

豚肉は好みの部位を
わが家では脂身が少なめのロース肉を使用していますが、バラ肉でもおいしいと思います。

筋切り器があると便利
豚肉を調理する時は「肉筋切り器」で数か所さし、やわらかくなるようにしています。フォークでもできますが、ひとつあると便利な調理器具です。

**野菜の量は
調整しながら巻く**
豚薄切り肉1枚に対して青じそ2枚、いんげん3〜4本を目安に巻きます。購入した分量や好みで量を調整してください。

じっくり火を通すからやわらかくてジューシー。煮汁ごと一晩おいた頃が食べごろです。

調理時間 70分 | 保存 冷蔵5日 | ￥408 | 両手なべ調理 お弁当に 冷凍しても ✱

煮鶏

材料（保存容器大1個分）

鶏もも肉……1枚（約330g）
塩……ひとつまみ
A［みりん大さじ2　オイスターソース大さじ1　しょうゆ大さじ½　砂糖小さじ2　しょうが（スライス）2枚］

作り方

1. 鶏肉はフォークなどで数か所さして穴をあけ、塩をもみ込む。
2. なるべく平らになるように広げて、くるくると巻き、タコ糸でしばる。
3. 2とAを耐熱性のジッパー付きポリ袋に入れ、空気を抜いて閉じる。
4. 大きめのなべに湯を沸かして3を入れ、フタをして中火で3分ゆでる。火を止めてそのまま1時間ほどおき、なべから出す。

MEMO

密閉の方法
ポリ袋を少しだけ開けた状態で、水をはったボウルの中に入れ、空気を抜いてから閉じるとよいです。袋の中に水が入らないように気を付けてください。

切り分けるのは冷めてから
なべから出したてで切り分けると肉汁が出てしまうので、粗熱が取れてから切り分けます。私は一晩おいたあとに切り分けて、保存容器に入れています。

料理をする気がおきない時にも便利な、キャベツ¼個で作る手抜きサラダ。冷蔵庫でしおしおになったキャベツの救済にも使えます。

調理時間 **5分**　保存 **冷蔵3日**　**¥334**　火を使わない調理　お弁当に

漬けておくだけサラダ

材料(保存容器大1個分)

キャベツ……¼個
にんじん……½本
スイートコーン……適量
A［調味酢100ml　砂糖小さじ1　塩ひとつまみ］
※調味酢についてはp.11参照

作り方

1 キャベツはせん切りに、にんじんは細切りにする。
2 ボウルに、コーンを入れ、Aを加えて混ぜ合わせる。冷蔵庫に入れ半日〜1日ほど漬けこむ。

MEMO

穀物酢よりも調味酢がおすすめ
調味酢は穀物酢よりもまろやかで、ツンときません。穀物酢で作る場合はレシピの分量よりも少量でお試しください。

せん切りに便利な道具
キャベツのせん切りには、キャベツスライサーを使うと食感のよいせん切りが簡単にできます。にんじんの細切りにはきんぴら用のピーラーが便利です。

保存するときは調味液が行き渡るように
調味液が全体に行き渡るように、ジッパー付きポリ袋か、浅型タイプの保存容器に入れて平らにならして保存すると、全体に味がしみます。

シャキッとしたもやしの食感がおいしいポン酢あえ。レンジでできるお手軽レシピです。

調理時間 **10**分 ／ 保存 冷蔵**4**日 ／ **¥104** ／ 電子レンジ調理 ／ お弁当に

もやしとベーコンのポン酢あえ

材料（保存容器中1個分）

- もやし……1袋
- ベーコン……3枚
- A［粗びき黒こしょう少々
  ポン酢しょうゆ大さじ3］
- 小ねぎ……好みで

作り方

1. もやしは水で洗い、ざるにあげて水けをきる。ベーコンは1cm幅に切る。
2. 耐熱容器にもやし→ベーコンの順に重ねて、ラップをせずに電子レンジで8分加熱する。
3. 2の水けをきり、Aとあえる。好みで小ねぎを散らす。

MEMO

ラップをせずに加熱
ベーコンを少し焼いたような感じに仕上げるために、ラップをせずに加熱しています。

2週目・サブ

ごはんのおともにもなる常備菜。ねかせて味がしみるので、日に日においしくなります。写真は作った当日のものです。

| 調理時間 15分 | 保存 冷蔵 10日 | ¥207 | 片手なべ or フライパン調理 | | お弁当に |

きゅうりのしょうゆ漬け

材料（保存容器中1個分）

きゅうり……3本
塩……小さじ½
しょうが……1かけ
A［しょうゆ大さじ2　穀物酢、砂糖、みりん各大さじ1］

作り方

1. きゅうりはまな板の上に並べ、塩を振って転がす。1本ずつペーパータオルで包み、10分〜一晩おく。水けが出たら、1cm幅の輪切りにする。しょうがはせん切りにする。

2. フライパンまたは片手なべに1とAを入れて中火で熱し、きゅうりの表面が調味液を吸って色が変わるくらいまで炒める。弱火にしてフタをし、10分程度蒸し焼きにする。

MEMO

きゅうりは水分をしっかり取る

きゅうりは塩を振ってもみ込みます（＝板ずり）。時間がある場合は前日に板ずりしたものを使うとより水分が抜けています。私はきゅうりの板ずりをしたら、ペーパータオルで1本1本包んでおいて一晩おいてから使うことが多いです。

当日でも、数日おいてもおいしい

作った当日からでもいただけますが、私は作って5日めくらいが好みでした。

ほくほくのかぼちゃを、塩とバターだけで味つけしたおかずです。バターの代わりにマーガリンでも大丈夫です。

| 調理時間 20分 | 保存 冷蔵5日 | ¥171 | 両手なべ調理 | お弁当に |

かぼちゃの塩バターあえ

材料（保存容器大1個分）

かぼちゃ……½個
塩……小さじ½
バター……20g

作り方

1. かぼちゃは種を取ってひと口大に切り、ところどころ皮を切り落とす。
2. なべに1を皮を下にして並べ、水200mlと塩を加える。フタをして中火にかけ、煮立ったら落としブタをし、弱火にしてやわらかくなるまで煮る。
3. 2の水を捨て、バターをからめる。

MEMO

かぼちゃを煮る時の水の量

使用するなべにもよりますが、かぼちゃがかぶるくらいが目安です。私は直径20cmの両手なべを使用しました。

小粒な新じゃがいもを皮のまま使い、甘めのたれをからめたこってり味のおかずです。大きなじゃがいもでも作れます。

調理時間 15分 | 保存 冷蔵5日 | ¥406 | 電子レンジ調理 フライパン調理 お弁当に

新じゃがいものオイマヨコロコロ

材料（保存容器大1個分）

新じゃがいも
　……10個（約450g）
マヨネーズ……大さじ1.5
A［オイスターソース大さじ
　1.5　砂糖、水各大さじ1］

作り方

1. じゃがいもは汚れを水で洗い流し、皮つきのまま耐熱容器に入れてふわりとラップをし、電子レンジで5〜6分加熱して水けをきる。
2. フライパンにマヨネーズを中火で熱し、溶かすようにしながら、1を加えて炒める。
3. Aを混ぜ合わせて2に加え、照りが出るまで炒め合わせる。

MEMO

じゃがいもの電子レンジ加熱

じゃがいもは直径2cmくらいのものなら5分程度から様子を見て、固いようなら加熱時間を追加します。また、レンジで加熱すると水分が出てくるので、炒める前に水けをきります。

調味液は混ぜ合わせてから加える

調味液は焦げやすいので、混ぜ合わせてからフライパンに入れて、一気に炒め合わせます。

そぼろあんのほんのりとした甘みがおいしいおかず。固めのあんなのでお弁当にも入れやすいです。

調理時間 10 分 | 保存 冷蔵4日 | ¥283 | フライパン調理 お弁当に

小松菜そぼろ

材料（保存容器中1個分）

小松菜……1袋
鶏ひき肉（もも）……150g
A［中華スープのもと小さじ½　砂糖大さじ1　しょうゆ小さじ2　水50ml］
B［片栗粉大さじ1　水大さじ1］

作り方

1. 小松菜は2〜3cm幅に切って茎と葉に分ける。
2. フライパンに油をひかずに、ひき肉を入れて色が変わるまで炒める。
3. 2に小松菜を茎→葉の順に加え、Aを加える。フタをして弱めの中火で1〜2分蒸し焼きにする。
4. 全体を混ぜ合わせて弱火にし、混ぜ合わせたBを加えてとろみをつける。

MEMO

小松菜から出る水分で蒸し焼きに

一見、水の量が少なく感じるかもしれませんが、小松菜から水分が出てくるので大丈夫です。

しめじ1パックを、たねにもソースにも使ったハンバーグ。すりおろした玉ねぎのさっぱりとしたソースです。

調理時間 **30** 分　保存 冷蔵**5**日　¥482　フライパン調理 　お弁当に

きのこの和風煮込みハンバーグ

材料（保存容器大1個分）

豚ひき肉……300g
しめじ……1パック
パン粉……¼カップ
卵……1個
A［水50ml　玉ねぎ（すりおろす）½個分　しょうが（すりおろす）2かけ分　白だし、しょうゆ各大さじ1］
青じそ……4〜5枚

作り方

1. しめじは根元を落としてほぐし、半量はみじん切りにする。
2. ボウルにひき肉を入れて粘りが出るまでよく混ぜ、卵を加えてしっかりとなじむまで混ぜ、みじん切りにしたしめじ、パン粉を加えてよく混ぜ合わせる。6等分にして丸く成形する。
3. フライパンに2を並べ、強火で2分程度焼く。裏返してフタをし、中火〜弱火で4〜5分蒸し焼きにする。
4. 残りのしめじとAを加え、フタをして中火〜弱火で2分程度焼く。フタを取り、煮汁をかけながら水分を飛ばす。保存容器に移し、細切りにした青じそをのせる。

MEMO

たねは一度休ませる
たねを作ったら、冷蔵庫で休ませると成形しやすくなります。たねはお好みでしょうが（すりおろしたしょうがや、しょうがチューブ）を加えてもおいしいです。

余分な脂はふき取っても
ひき肉の脂が多く出ている場合は、お好みでペーパータオルでふき取ってください。また、水の量が少なく感じるかもしれませんが、蒸し焼きにするとしめじから水分が出てきます。

中濃ソースを使った手羽先グリルです。調味液にお肉を漬けている状態でも、調理後でも冷凍保存できます。

調理時間 **30** 分　保存 冷蔵**5**日　**¥317**　オーブン調理　お弁当に　冷凍しても

ソース手羽先グリル

材料（保存容器大1個分）

鶏手羽先……10本
砂糖……大さじ½
塩……小さじ½
A ［中濃ソース大さじ3　みりん、砂糖各大さじ1　しょうが（チューブ）、にんにく（チューブ）各3cm］

作り方

1. 手羽先はフォークで数か所さし、砂糖→塩の順にもみ込む。
2. ジッパー付きポリ袋に1とAを入れて、調味料を全体に行き渡らせて冷蔵庫に20分〜一晩おく。
3. オーブンの天板にクッキングシートを敷き、2を並べて、220℃で20分程度焼く。

> **MEMO**
>
> **砂糖と塩を順にもみ込む**
> 砂糖が水分を閉じ込め、塩が肉をやわらかくする効果があるので、調味液に漬ける前に、砂糖と塩をもみ込むようにしています。
>
> **常温に戻してから焼く**
> 時間に余裕があるなら、焼く30分くらい前に冷蔵庫から出して常温に戻しておくと、火の通りがよくなります。

2週目・サブ 作り足し分

大きめのにんじん1本使い切りのレシピ。箸休めにもちょうど良いさっぱりとしたマリネです。

調理時間 10 分 ｜ 保存 冷蔵7日 ｜ ¥82 ｜ 電子レンジ調理 ｜ お弁当に

にんじんとしょうがのマリネ

材料（保存容器中1個分）

にんじん……大1本
しょうが……1かけ
A ［穀物酢大さじ3　砂糖大さじ1　塩小さじ½］

作り方

1 にんじんは1cm幅で4〜5cm長さに切る。しょうがはせん切りにする。
2 耐熱容器ににんじんを入れて、ふわりとラップをかけて電子レンジで3分加熱する。
3 2の水けをきり、温かいうちにしょうがと混ぜ合わせたAを加えてあえる。

MEMO

にんじんのレンジ加熱
にんじんは食感を出すため少し固めに仕上がるように加熱しています。お好みで調整してください。

野菜がたくさん入っているヘルシーなドライカレーです。季節に応じてお好みで野菜を変えて作っても大丈夫です。

調理時間 **30**分 ｜ 保存 冷蔵**7**日 ｜ **¥719** ｜ フライパン調理 ｜ お弁当に ｜ 冷凍しても

たっぷり野菜のドライカレー

材料（保存容器大1個分）

豚ひき肉……300g
トマト……大1個
にんじん……1本
玉ねぎ……½個
ピーマン……3個
ズッキーニ……1本
にんにく……1かけ
しょうが……1かけ
A［トマトケチャップ大さじ3　カレー粉大さじ1.5　顆粒コンソメ小さじ1　オイスターソース小さじ1］
塩……少々
サラダ油……適量

作り方

1. トマトは角切り、残りの野菜はみじん切りにする。
2. フライパンに油を熱し、にんにくとしょうがを炒める。香りが出たらひき肉を加えて表面の色が変わるまで炒め、残りの1をすべて加え、トマトをつぶしながら炒める。
3. 野菜に火が通ったら、Aを加えて炒め合わせ、塩で調味する。

MEMO

みじん切りにはチョッパーが便利

みじん切りはできるだけ細かくします。フィリップスのマルチチョッパーを使用していますが、細かいみじん切りがすぐにできて便利です。

トッピングでアレンジ

お好みで揚げ焼きにしたなすをトッピングして食べてもおいしいです。

2週目・サブ　作り足し分

スイーツのようなサラダです。簡単なのにとってもおいしいですよ。いろいろなさつまいもで作ってみてください。

調理時間 **30** 分 ｜ 保存 冷蔵**5**日 ｜ ¥199 ｜ 片手なべ調理 お弁当に

さつまいもとクリームチーズの
デザートサラダ

材料(保存容器中1個分)

さつまいも……1本
A［クリームチーズ（個包装）
　2個（36g）　はちみつ大
　さじ1］
レーズン……適量
塩……好みで

作り方

1. さつまいもは1〜2cmの角切りにし、水に10分程度さらしてアクを抜き、水けをきる。
2. なべに1とかぶるくらいの水を入れて火にかけ、煮立ったら弱火で10分程度ゆでる。
3. さつまいもがやわらかくなったら水けをきり、熱いうちにAを加えてあえながらさつまいもをつぶす。レーズン、好みで塩少々を加える。

MEMO

さつまいもについて

さつまいもの種類によって甘みが異なりますので、はちみつの量を調整してください。私のおすすめはシルクスイートです。皮はむいてもむかなくても大丈夫です。

**さつまいもの
つぶし具合**

ごろごろと形があるのが好みなら粗めに、なめらかに仕上げたいならよくマッシュしてください。クリームチーズはざっと混ぜる感じでも、しっかり混ぜてもお好みで大丈夫です。

今週の食べ方

少し時間があれば簡単なものを作り足すことも。
この週は汁ものを作る日がありました。

月

かぼちゃの塩バターあえ
もやしとベーコンの
ポン酢あえ
いんげんとしその豚巻き
トマトスープ
ごはん

しそでさっぱり仕上げた豚巻きをメインにしました。市販のトマトスープも加えたので、満足度が上がります。

火

きゅうりのしょうゆ漬け
小松菜そぼろ
漬けておくだけサラダ
煮鶏
ごはん

しっかり味がしみた煮鶏はごはんにぴったりです。副菜で野菜をたっぷりとっています。きゅうりは日持ちする上にこれまたごはんに合うので、お弁当に入れることもあります。

今週の食べ方

水

新じゃがいものオイマヨ
コロコロ
にんじんとしょうがの
マリネ
ソース手羽先グリル
ごはん

作り足しした手羽先と、買い置きしていたレタスを合わせて盛りつけました。手羽先も新じゃがいものオイマヨコロコロもしっかり味なので、にんじんとしょうがのマリネを箸休めに組み合わせています。

木

小松菜そぼろ
かぼちゃの塩バターあえ
きのこの和風煮込み
ハンバーグ
トマト
ごはん

ハンバーグには、青じそをたっぷりのせて。彩りが寂しかったのと、生野菜が食べたかったのでトマトを添えています。

たっぷり野菜のドライカレー
さつまいもとクリーム
チーズのデザートサラダ
漬けておくだけサラダ
コンソメスープ
ごはん

いつもと比べて時間に少し余裕があったので、ドライカレーに焼き野菜をトッピングしています。冷蔵庫の余り野菜で作れるコンソメスープ（レシピはp.137）もつけて、バランスのいい献立になりました。ドライカレーの余りは冷凍します。

今週のお弁当例

お弁当に
入れやすくする

この日はきのこの和風煮込みハンバーグ、かぼちゃの塩バターあえ、小松菜そぼろを入れています。小松菜そぼろは、そぼろあんを固めに作っています。箸で取り分けて入れてもだらっと流れていかないので、お弁当箱にも入れやすく、食べやすいです。

COLUMN 1

保存の基本について

作り置きの保存に関して、私が気を付けていることや長持ちのコツです。

保存容器と調理器具は清潔に

容器はしっかり洗って、しっかり乾かすことに何より気を配っています。角の部分などはどうしても汚れが残りやすいので気を付けて洗い、自然乾燥させてからしまいます。おかずを取り分ける箸やスプーンも同様です。市販の台所用除菌スプレーを使ったり、素材によって煮沸消毒や熱湯消毒をこまめにしたりするのもよいかもしれません。

容器に移すときもひと工夫

できあがったおかずは、粗熱を取ってから容器に移し、フタを開けたまま完全に冷ましてから冷蔵庫へ入れます。そのまま置いておくだけでは時間がかかるので、私はアウトドアショップで買ったキャンプ用の大型保冷剤の上に、できあがったおかずを並べて冷やしています。しっかりとした板状なので安定感があり、同時に複数のおかずを冷やすことができるところがポイントです。

MEMO

こちらを凍らせて使っています。お惣菜を買うともらえる保冷剤のようなやわらかいタイプのものは、安定した形に凍らずうまく冷えないので、このような板状のものがおすすめです。

日持ちが悪いものを把握する

作り置きしたものは、日持ちが悪いものから先に食べきるようにします。水分が少ないもの、しっかり加熱してあるもの、酢をたっぷり使っているレシピなどは比較的日持ちがよいです。その週に食べきれないものは冷凍して翌週に持ち越すので、ハンバーグや唐揚げといった冷凍しやすいものを週の後半に回して食べることが多いです。

食べ方でおいしさを長持ちさせる

汁けのあるものは容器の底から取る、あえ物などは上下を返して混ぜるなど、取り分ける時にちょっと工夫することで、味が均一になって最後までおいしく食べられます。混ぜる時はもちろん清潔な箸を使うようにしています。

水分調整がカギとなる

おかずの汁けはできるだけ減らして作ることで、日持ちがよくなるだけでなくお弁当にも入れやすくなります。きゅうりのような水っぽい野菜はあらかじめ板ずりをして余分な水分を出してから調理。ほうれん草などのゆで野菜もしっかり水けをきってから加えます。容器に詰める時も、湯気で水滴がつかないように気を付けています。

COLUMN 2

冷凍保存するときのコツ

おいしさを保って冷凍するためのポイントも日々研究しています。

取り分けは完全に冷えてから

おかずを冷凍するのは、作った翌日以降にしています。粗熱を取ったつもりでいても、食べ物の中が温かいと水滴がつき、それが凍って霜になってしまうので、芯までしっかり冷やしてから冷凍庫に入れています。

解凍は容器ごと

冷凍も解凍もできる容器を使用しているので、食べる時は容器ごと解凍してそのまま食卓に並べてしまいます。レンジで容器のまま温めます。

ピッタリの容器を選ぶ

冷凍保存でおいしさを保つためには、食べ物が空気に触れないことが何より大切です。薄型でぴっちりとフタが閉まる保存容器は、スマートに収納することもできてお気に入りです。

食材を選んでおいしさキープ

こんにゃくや根菜など、凍らせると食感が変わる食材のおかずは冷凍には不向きです。ほかにも汁けの多いものや、生の野菜が入ったマリネのようなものは冷凍せずに食べきるようにしています。

筑前煮

中華春雨

ラディッシュの甘酢漬け

PART 2

少しの時間でできる
2週間で
10品作り置き

2週間のスパンでおかずを食べきるスタイルは、おかずの消費量が少ない時や、
時間がないけれど作り置きはしておきたい、という時に役に立ちます。
冷凍保存も活用して少しのおかずを長めに持たせます。
急な外食の予定が入りがちなひとり暮らしの方にもおすすめです。

1週目　70分で6品

少し多めに作る週です。アレンジがしやすい2品をメインにしました。
6品のうち2〜3品は冷凍して、翌週まで持たせるつもりでたっぷり作っています。

メニュー名

1. チリコンカン
2. チキンのコーンクリーム煮
3. ごぼうとにんじんのマヨサラダ
4. ズッキーニと卵の炒め物
5. オクラのごまあえ
6. 切り干し大根のナポリタン風

買ったものリスト

肉・魚介類

豚ひき肉	約300g
鶏もも肉	約400g
鶏ひき肉（もも）	約100g

野菜類

玉ねぎ	1½個
じゃがいも	約150g
にんじん	1½本
ピーマン	3個
ズッキーニ	1本
オクラ	1袋
ごぼう（細いもの）	1〜2本

その他（常備食材・加工品）

ベーコン（ハーフ）	1パック（4枚）
大豆水煮（パウチタイプ）	1袋(125g)
トマト缶（カットタイプ）	1缶
コーンクリーム缶	1缶
切り干し大根	50g
卵	2個

2週目　60分で4品

作り足しをする週です。この時は4品を1時間で手早く作りました。前の週から持ち越しているおかずが冷凍されているのでそちらを優先して食べて、週の後半に余りそうなものは冷凍に回します。

メニュー名

7　チーズインハンバーグ
8　豚肉と大根の炒め煮
9　筑前煮
10　なすとパプリカの甘酢炒め

買ったものリスト

肉・魚介類

豚肩ロース薄切り肉	約300g
豚ひき肉	約300g
鶏もも肉	約250g

野菜類

大根	½本
玉ねぎ	½個
なす	1本
パプリカ（赤・黄）	各½個
ごぼう（細いもの）	1本
れんこん	1節
にんじん	小1本
絹さや	4〜5枚

その他（常備食材・加工品）

プロセスチーズ（キャンディタイプ）	8個
板こんにゃく	1枚
卵	1個

週末作り置きのタイムスケジュール

1週目　まとめて6品調理（70分）

手順	火を使わない	片手なべ・両手なべ	フライパン
①	鶏肉を切って塩こしょうする、ベーコンも切る		
②	オクラを切る	オクラをゆでる	
③	ごぼうを切り水にさらす		
④	にんじんを切る（サラダ、ナポリタン風用）、切り干し大根を水で戻す		
⑤		ごぼうとにんじん（サラダ用）をゆでる	
⑥	オクラのごまあえをあえる		
⑦	玉ねぎをまとめて切る		
⑧	ピーマンとズッキーニを切る　卵と砂糖を混ぜる		
⑨			玉ねぎとひき肉（チリコンカン用）を炒める
⑩		チリコンカンを煮る（両手なべ）	
⑪			ズッキーニと卵の炒め物を炒める
⑫			切り干し大根のナポリタン風を炒める
⑬	じゃがいもを切る　鶏肉に片栗粉をまぶす		※フライパンを洗う
⑭			チキンのコーンクリーム煮を煮る
⑮	ごぼうとにんじんのマヨサラダをあえる		

70分

❋ 冷凍方法

作った翌日に冷凍保存容器に取り分けて冷凍庫へ入れました。チリコンカンは1食分ずつ2つに分けて、ごぼうとにんじんのマヨサラダと切り干し大根のナポリタン風はそれぞれ1食分ずつ取り分けています。

2週目 まとめて4品調理（60分）

手順	火を使わない	片手なべ	フライパン
①	チーズインハンバーグのたねを作る		
②		こんにゃくをゆでる	
③	筑前煮の材料を切る		
④			鶏肉と野菜を炒める
⑤		筑前煮を煮る（約25分）	
⑥	なすとパプリカを切る		
⑦			なすとパプリカの甘酢炒めを炒める
⑧	大根を切る 豚肉の下ごしらえをする		※フライパンを洗う
⑨			豚肉と大根の炒め煮を炒めて煮る（約15分）
⑩	チーズインハンバーグを成形する		※フライパンを洗う
⑪			チーズインハンバーグを焼く

60分

※時間に余裕があれば、⑩と⑪の間にパプリカのガーリックマリネ（p.136）を半量で作ると、パプリカを1個ずつ購入してちょうど使いきることができます。

冷凍方法

週の後半に冷蔵庫をチェック。ハンバーグと豚肉と大根の炒め煮が余りそうだったので取り分けて冷凍しました。翌週に持ち越して早目に食べます。

1週目・メイン

ほくほくした豆の食感とスパイスがきいたトマトベースのメキシカン味。辛さの強弱はお好みで調整してください。

調理時間 **40** 分 ｜ 保存 冷蔵**5**日 ｜ ¥**348** ｜ フライパン＆両手なべ調理 お弁当に 冷凍しても

チリコンカン

材料（保存容器大1個分）

豚ひき肉……300g
大豆水煮（パウチタイプ）
　……1袋（125g）
玉ねぎ……1個
A［トマト缶（カットタイプ）
　1缶　白ワイン50ml　チ
　リパウダー、パプリカパウ
　ダー、クミンパウダー各小
　さじ1　塩小さじ1］
塩……好みで

作り方

1 玉ねぎはみじん切りにする。

2 フライパンに油をひかずにひき肉を入れて炒め、色が変わったら、**1**を加えて炒め合わせる。

3 なべに**2**と水けをきった豆、Aを入れて落としブタをし、火にかける。煮立ったら弱火で30分程度煮る。食べる時に好みで塩を少々振る。

MEMO

トマト缶について
トマト缶はホールタイプでも。その場合は鍋に入れる前につぶしておきます。

ひき肉を炒める時
私が使用しているなべで肉を炒めるとくっついてしまうので、先にフライパンで炒めてからなべに移して煮込むようにしています。ひき肉によっては炒めると脂が多く出てくるので、ペーパータオルなどで余分な脂をふき取ります。

コーンクリーム缶を使った、簡単にできる煮込み料理です。じゃがいもはお好みの種類のものを使ってくださいね。

調理時間 **20** 分 ／ 保存 冷蔵 **5**日 ／ ¥**595** ／ フライパン調理

チキンのコーンクリーム煮

材料（保存容器大1個分）

- 鶏もも肉……400g
- 玉ねぎ……½個
- じゃがいも……約150g
- 塩、粗びき黒こしょう……各少々
- A［コーンクリーム缶1缶（180g）　牛乳100ml　顆粒コンソメ小さじ½］
- サラダ油、片栗粉……各適量

作り方

1. 鶏肉はひと口大に切り、塩と粗びき黒こしょうを振る。玉ねぎは薄切りにし、じゃがいもは小さめに切る。
2. フライパンに油を熱し、鶏肉に片栗粉をまぶして入れ、片面ずつ焼く。焼き色がついたら玉ねぎとじゃがいもを加えて炒め合わせる。
3. 2にAを加えてフタをし、弱火で10分、フタを外して3分程度煮て、火を通す。

MEMO

じゃがいもの下ごしらえ

じゃがいもは火が通りやすいように小さめに切っています。大きめに切る場合は耐熱容器に入れてふわりとラップをかけ、電子レンジで2〜3分加熱すると、煮る時間が短縮できます。

和食にも洋食にも合うサラダは、少量のからしがアクセントです。食べる時は一度混ぜ合わせてから取り分けてくださいね。

調理時間 **15**分　保存 冷蔵**5**日　**¥198**　片手なべ調理 　お弁当に 　冷凍しても ✻

ごぼうとにんじんのマヨサラダ

材料（保存容器中1個分）

ごぼう（細いもの）
　……1〜2本
にんじん……1本
A［マヨネーズ大さじ3　調味酢大さじ1　砂糖小さじ2　ねりがらし（チューブ）4cm　塩（好みで）少々］
※調味酢についてはp.11参照

作り方

1. ごぼうとにんじんは皮をむいて細切りにし、ごぼうは水にさらす。
2. なべに湯を沸かし、水けをきったごぼうを入れて中火で5分程度ゆで、にんじんを加えてやわらかくなるまで2分程度ゆでる。
3. 2をざるにあげて水けをよくきり、Aを加えてあえる。

MEMO

ごぼうの種類
私はやわらかい口あたりが好きなので、新ごぼうや細めのごぼうを使用しています。

野菜のゆで時間
にんじんをサラダにする時、せん切り用のピーラーで細切りにすると短いゆで時間で火が通ります。もし包丁などで太めに切る場合は、ゆで時間を調整してくださいね。

ズッキーニの食感と卵がおいしい簡単炒め。サンドイッチの具にしたり、チーズをのせて温めて食べるなど、アレンジもできます。

調理時間 10 分　保存 冷蔵3日　¥252　フライパン調理 　お弁当に

ズッキーニと卵の炒め物

材料（保存容器中1個分）

ズッキーニ……1本
卵……2個
砂糖……大さじ½
鶏ひき肉（もも）……100g
A［マヨネーズ大さじ1　塩、
　粗びき黒こしょう各少々］
サラダ油……適量

作り方

1. ズッキーニは角切りにする。卵は溶いて砂糖を混ぜ合わせる。
2. フライパンに油を熱し、ひき肉を炒める。色が変わったらズッキーニを加えて炒め合わせる。
3. 2にとき卵を加えてスクランブル状に炒め、Aで調味する。

MEMO

サンドイッチにアレンジ
お好きなパンにレタス、チーズ、トマトと一緒にはさんで食べてもおいしいです。お好みでマヨネーズ、トマトケチャップ、マスタードを追加してください。

ゆでてあえるだけの簡単おかず。オクラ1袋があれば、手早く一品できます。

調理時間 **10** 分 ／ 保存 冷蔵 **4**日 ／ **￥118** ／ 片手なべ調理 お弁当に

オクラのごまあえ

材料（保存容器中1個分）

オクラ……1袋（6〜8本）
A ［すり白ごま大さじ2　しょうゆ、砂糖各大さじ½］

作り方

1. なべに湯を沸かす。オクラはヘタを薄く切り落とし、ガクの部分をぐるっと切り落とす。
2. 1のなべに塩ひとつまみ（分量外）とオクラを入れて強めの中火で1〜2分ゆでる。ざるにあげて湯をきり、好みで半分に切る。
3. Aを混ぜ合わせて2をあえる。

MEMO

オクラのガクを除く
オクラはヘタの一番円周が大きいところに包丁をあててくるくる回しながら切り落とします。包丁は角度をつけると削りすぎてしまうので注意します。

オクラが熱いうちにあえる
オクラはまだ水分が残っている熱いうちに、調味料をまんべんなくからめます。

野菜がたっぷりとれて食べごたえも十分。ケチャップと中濃ソースの味つけは、お子様でも食べやすいと思います。

調理時間 15 分 | 保存 冷蔵5日 | ¥296 | フライパン調理 | お弁当に | 冷凍しても

切り干し大根のナポリタン風

材料（保存容器中1個分）

切り干し大根……50g
にんじん……1本
ピーマン……3個
ベーコン（ハーフ）……4枚
A［トマトケチャップ大さじ3　中濃ソース大さじ½　しょうゆ小さじ1］
塩、粗びき黒こしょう……各少々
サラダ油……適量

作り方

1. 切り干し大根は水で戻し、水けをきって食べやすい長さに切る。にんじん、ピーマン、ベーコンは細切りにする。
2. フライパンに油を熱し、ベーコンを入れて香りが出るまで炒めたら、にんじんを加えてやわらかくなるまで炒める。ピーマンと切り干し大根も加えて炒め合わせる。
3. 2にAを加えて全体に味がよくまわるまで炒め、味を見て塩と粗びき黒こしょうで調味する。

> **MEMO**
>
> **乾物の戻し方**
>
> 切り干し大根の戻し方は袋の表記に従ってください。戻した切り干し大根は絞るようにしてよく水けをきると食感がよくなります。

チーズを入れたハンバーグ。キャンディタイプのチーズを使用すると、切り分けずに済むので簡単です。

調理時間 20分　保存 冷蔵5日　¥486　フライパン調理　お弁当に 　冷凍しても

チーズインハンバーグ

材料（保存容器大1個分）

- 豚ひき肉……300g
- 玉ねぎ……½個
- 卵……1個
- プロセスチーズ（キャンディタイプ）……8個
- 塩、粗びき黒こしょう、ナツメグ……各少々
- A［トマトケチャップ大さじ4　中濃ソース大さじ1　砂糖大さじ½］
- パセリ……好みで

作り方

1. 玉ねぎはみじん切りにする。
2. ボウルにひき肉を入れて粘りが出るまでよく混ぜ、1と卵を加えてしっかりとなじむまで混ぜ、塩、粗びき黒こしょう、ナツメグを加えて混ぜ合わせる。8等分し、中にチーズを入れて成形する。
3. 2をフライパンに並べて強火で2分程度焼き、裏返してフタをし、中火〜弱火で7分程度蒸し焼きにし、保存容器に取り出す。
4. 3のフライパンにAを合わせて煮詰め、3にかける。好みでパセリを散らす。

MEMO

肉だねは冷蔵庫で休ませる
混ぜ合わせた肉だねは一度冷蔵庫で1時間ほど休ませると成形しやすくなります。

ソースにも肉のうまみを移す
ハンバーグの肉汁が残ったフライパンでソースを作ると、うまみが増しておいしいです。

大根にもしっかり味がしみた、こってり味の炒め煮。冷凍しても味落ちせず、おいしく食べられる作り置きレシピです。

調理時間 30分 | 保存 冷蔵5日 | ¥472 | フライパン調理 | 冷凍しても

豚肉と大根の炒め煮

材料（保存容器大1個分）

豚肩ロース薄切り肉
……300g
大根……1/4〜1/2本
A［みりん大さじ2.5　しょうゆ大さじ1.5　オイスターソース、砂糖各大さじ1］
サラダ油……適量
小ねぎ……好みで

作り方

1. 大根は皮をむいて、3〜4mm幅のいちょう切りにする。豚肉はフォークで数か所さす。
2. フライパンに油を熱し、豚肉を広げながら炒め、余分な脂はペーパータオルでふき取る。
3. 大根とAを加え、豚肉を大根の上にのせるようにして、フタをして中火〜弱火でときどき混ぜながら15分程度煮る。煮汁が多ければフタを取って火を強め、水分をほどよく飛ばす。好みで小ねぎを散らす。

MEMO

豚肉の筋切り

肩ロースはコクがあり、脂肪も適度にあるので食べやすく、幅広い料理に使えます。ロースはフォークなどでさすか、包丁で赤身と脂肪の境にある筋に切り込みを入れて「筋切り」をすると、焼く時に肉の縮みを防ぎ、火がムラなく通ります。お好みで豚こま切れ肉などを使っても大丈夫です。

豚肉の炒め方

豚肉は数枚をフライパンの中央に広げ、ほどよく焼けたら外側に寄せます。この作業を何回か繰り返して焼くと、肉同士がくっつきません。一度に全部入れて焼くよりも焼きムラが少なく、やわらかく仕上がります。

根菜がたっぷり食べられる筑前煮。鶏肉と野菜は、温め直してもやわらかくておいしいです。こんにゃくを除けば冷凍も可能。

調理時間 30分 ｜ 保存 冷蔵7日 ｜ ¥593 ｜ フライパン＆片手なべ調理 お弁当に

筑前煮

材料（保存容器大1個分）

鶏もも肉……250g
板こんにゃく……1枚
ごぼう（細いもの）……1本
れんこん……1節
にんじん……小1本
絹さや……4〜5枚
A［しょうゆ大さじ3　酒大さじ2　みりん、砂糖各大さじ1.5　水100ml］
サラダ油……適量

作り方

1. こんにゃくは適当な大きさにちぎって下ゆでする。ごぼうは乱切り、れんこんは半月切りにそれぞれ適当な大きさで切り、水にさらす。にんじんは小さめの乱切り、鶏肉はひと口大に切る。
2. フライパンに油を熱し、鶏肉の表面が色づくくらいまで炒め、なべに移す。同じフライパンで1を軽く炒め、鶏肉が入ったなべに移す。
3. 2のなべにしょうゆ以外のAを加えてフタをし、煮立ったらしょうゆを加えて落としブタをし、弱めの中火〜弱火で煮汁が少なくなるまで、ときどき混ぜながら煮込む。ゆでた絹さやを散らす。

MEMO

鶏肉と野菜はフライパンで炒めておく

鶏肉は先に軽く炒めておくと、うまみが逃げません。鶏肉を炒めたフライパンには鶏肉のうまみが残っているので、続けて野菜を炒め合わせて煮ます。

火加減に注意

弱めの中火で煮込み、温度が上がりすぎる場合は弱火にします。焦げつかないよう、ときどきなべ底から返すように混ぜます。火が通らないうちに煮汁がなくなってしまったら、水を適宜足してくださいね。

絹さやは冷凍保存が便利

彩りに少量だけ使うことが多い絹さや。私は買ってきたらすぐにゆで、冷凍保存します。使う時は自然解凍ですぐに使えます。

彩りがよく食べやすい野菜のおかずです。玉ねぎやピーマンなど、お好みの野菜を使用してもおいしいと思います。

`調理時間 10 分` `保存 冷蔵4日` `¥138` フライパン調理 お弁当に

なすとパプリカの甘酢炒め

材料（保存容器中1個分）

なす……1本
パプリカ（赤・黄）
　……各½個
A［調味酢大さじ1.5　しょうゆ大さじ½　砂糖小さじ2］
サラダ油……適量
※調味酢についてはp.11参照

作り方

1. なすとパプリカは食べやすい大きさの角切りにする。
2. フライパンに多めの油を熱し、なすを入れて表面の色が変わるまで炒める。パプリカを加えて炒め合わせ、Aを加えて水分が軽く飛ぶまで炒める。

MEMO

なすは多めの油で炒める
なすは油をよく吸うので、多めの油で炒めます。皮がきれいな紫色になるくらいまで、切り口にも油がまわるように炒めます。

COLUMN 3

冷蔵庫の整理術

中のものが取り出しやすく、何が入っているか
把握できるように工夫しています。

スタッキングでスペースを増やす

保存容器はできるだけ重ねて、むだな空間がないようにしています。同じメーカーの保存容器を揃えると重ねやすいです。

ラベルを付けて整理する

料理名をマスキングテープに書いて貼っています。まとめて作ったおかずと作り足したおかずでテープの色を変えて、いつ作ったものかがひと目でわかるようにしています。

食べ終わると……

1週間の終わりには、冷蔵庫はこんな感じになります。

空きスペースを作る

ちょっと冷やしたいものなどをすぐ入れられるスペースを作っています。奥のものを取り出す時に、手前にあるものをいったん置いたりする場所としても使えて便利です。

定位置を決める

何がどこにあるかがわからなくならないように、ごはんのおともやパンに塗るものなど、常に冷蔵庫にあるものはいつも同じ位置に入れています。作り置きしたおかずも、容器のサイズごとに大体の位置を決めてあります。

冷凍庫はこんな感じ

冷凍庫には市販の冷凍食材のほか、ごはんを1膳ずつ容器に入れて左に重ねて置いています。真ん中には、メインおかずを入れた薄型容器を縦に並べて入れています。冷蔵庫と同じで、入れる位置はだいたい決めてあります。

PART 3

週末に12品 まとめて作り置き

土日の150分で、たっぷり12品を作り置きします。
おかずの消費量が多いご家庭や、まとまった調理時間が取れる方、
平日は台所に立つ時間をできるだけ減らしたいという方に
特におすすめのスタイルです。

150分で12品

メニュー名

メイン
1. 豚肉の塩だれ
2. ぶりの照り焼き
3. 韓国風焼き肉
4. ハニーマスタードチキングリル

サブ
5. カレー肉じゃが
6. 小松菜とにんじん、ささ身のあえ物
7. 中華春雨
8. なすの梅肉おかかあえ
9. 酢じょうゆ煮卵
10. れんこんの塩こんぶあえ
11. ほうれん草とベーコンのバター炒め
12. ひじきとツナの煮物

今週のポイント

仕上げた状態で保存するおかずと、漬けておいて食べる前にさっと調理するおかず、2つのタイプの作り置きをメインにしました。その日の時間の余裕や、何が食べたいかに合わせて臨機応変に選ぶことができます。

漬けておくタイプのおかずは、週の半ばまで余ったらまとめて焼いて保存します。または漬けた状態のまま冷凍してしまっても大丈夫です。

買ったものリスト

肉・魚介類

豚ロース薄切り肉	約300g
ぶり	2切れ
牛こま切れ肉	250g
鶏手羽元	10本
豚バラ薄切り肉	約150g
鶏ささ身	2本

野菜類

じゃがいも	小2個
にんじん	小2¼本
玉ねぎ	½個
小松菜	大1袋
きゅうり	1本
なす	2本
れんこん	2節
ほうれん草	2袋
絹さや	4~5枚
にんにく	1かけ

その他（常備食材・加工品）

ハム	4枚
ベーコン（ハーフ）	1パック（4枚）
乾燥春雨	50g
梅干し	2個
卵	4個
塩こんぶ	2~3つまみ
乾燥芽ひじき	15g
ツナ缶（オイル）	1缶

🕐 週末作り置きのタイムスケジュール

まとめて12品調理（150分）

	前日	30分		60分	
切る、その他 🔪		2 ひじきを戻す	4 レンジにかける	9 れんこん、玉ねぎ、じゃがいもを切る	
		3 にんじんと小松菜を切る	5 きゅうりとハムを切る		
あえる、漬ける 🥣	手羽元を漬ける 豚肉を漬ける		6 卵をむき調味液に漬ける	10 にんじん、小松菜、ささ身をあえる	
なべ 🍲		1 卵をゆでる	7 にんじん、小松菜をゆでる	8 ささ身をゆでる	
フライパン 🍳					
オーブン					

※なべは両手なべと片手なべの2種類を使用。特に表記がない作業は片手なべで行っています。
　いずれも使用するたびにさっと洗っています。
※フライパンは、使用するたびに洗っています。

漬けておけば、さっと焼いてすぐに食べられる塩だれ焼きです。漬けるだけなら5分程度でできるので簡単です。

調理時間 **10**分 ／ 保存 冷蔵**5**日 ／ ¥478 ／ 火を使わない調理 ／ お弁当に ／ 冷凍しても

豚肉の塩だれ

材料（保存容器大1個分）

豚ロース薄切り肉……300g
にんにく……1かけ
A［酒、ごま油各大さじ1　中華スープのもと小さじ1　レモン汁小さじ½　粗びき黒こしょう適量］

作り方

1. 豚肉はフォークなどで数か所さす。にんにくはすりおろす。
2. ボウルにAを混ぜ合わせ、1を入れて漬ける。

MEMO

調味液の作り方

にんにくは、ガーリックプレスを使用しておろし状にし、直接ボウルに入れてほかの調味料と混ぜ合わせます。中華スープのもとは溶けづらいので、少量のお湯で溶かして混ぜ合わせています。

保存方法

保存容器に肉を入れ、調味液にまんべんなく漬かるようにし、冷蔵庫で保存します。調理前の状態で3日保存可能です。冷凍用ポリ袋に入れて冷凍保存もできます。

食べる時は中火でさっと焼いて火を通し、好みで小ねぎを散らす。

ぶりの切り身は、骨が少なく調理しやすいです。定番の調味料を使い、短時間でパパッと作れる料理です。

調理時間 **10** 分 ／ 保存 冷蔵**5**日 ／ **¥411** ／ フライパン調理 ／ お弁当に

ぶりの照り焼き

材料（保存容器大1個分）

ぶり……2切れ（約270g）
A［みりん大さじ2　砂糖、しょうゆ、酒各大さじ1］
小麦粉、サラダ油……各適量

作り方

1. ぶりは骨を抜き、適当な大きさに切って小麦粉を全体に薄くまぶす。
2. フライパンに油を熱し、の両面を中火で焼く。
3. Aを混ぜ合わせてに加え、ぶりにからめながらとろみをつける。

MEMO

小麦粉でたれがからみやすく
ぶりは小麦粉を薄くまぶすことで、たれがからみやすくなります。

ぶりの火の通し方
ぶりは身が厚ければ、フタをして2分程度蒸し焼きにします。

異なる調理方法
下ごしらえをしたぶりと調味液をポリ袋に入れて漬けておき、食べる日に調理してもよいです。焼く時はぶりの両面を焼き、袋に残った調味液をかけて煮詰めます。小麦粉はめんどうであればつけなくても大丈夫です。

濃いめの味つけでごはんが進む、炒めるだけの簡単メインおかずです。辛いのが苦手な方はコチュジャンの分量を調整してくださいね。

調理時間 15 分　保存 冷蔵5日　¥590　フライパン調理　お弁当に　冷凍しても

韓国風焼き肉

材料（保存容器大1個分）

牛こま切れ肉……250g
A ［しょうゆ大さじ1.5　酒、みりん、砂糖各大さじ1　コチュジャン小さじ1　にんにく（チューブ）3cm　ごま油大さじ½］
サラダ油……適量

作り方

1. 牛肉はフォークなどで数か所さし、細切りにする。
2. フライパンに油を熱し、1を入れて肉の色が変わるまで炒める。
3. 混ぜ合わせたAを加え、水分がほどよく飛ぶまで炒める。

> **MEMO**
>
> **牛肉の下ごしらえ**
> 牛肉を調理する場合「肉筋切り器」で数か所さし、やわらかくなるようにしています。
> フォークでもできますが、あると便利な調理器具です。また、このレシピは濃いめの味つけなのでしていませんが、もし牛肉の臭みが気になる場合は牛乳に30分程度浸すといいです。
>
> **おすすめの食べ方**
> どんぶりに盛ったごはんに、焼き肉とほうれん草やもやし、にんじんのナムル、卵黄などをのせてビビンバにするとおいしいです。

粒マスタードの風味がよいアクセントです。しょうゆが入っているので和風のおかずにも合います。

| 調理時間 **30** 分 | 保存 冷蔵**5**日 | **¥369** | オーブン調理 お弁当に 冷凍しても ✲ |

ハニーマスタードチキングリル

材料（保存容器大1個分）

鶏手羽元……10本
砂糖……大さじ½
塩……小さじ½
A［しょうゆ、はちみつ各大さじ2　粒マスタード大さじ1　にんにく（チューブ）3cm］

作り方

1. 手羽元はフォークで数か所さし、砂糖→塩の順でもみ込む。
2. ジッパー付きポリ袋に1とAを入れ、調味料を全体に行き渡らせて冷蔵庫に20分〜一晩おく。
3. オーブンの天板にクッキングシートを敷き、2を並べて200℃で20分焼く。

MEMO

砂糖と塩を順にもみ込む
塩に肉をやわらかくする効果、砂糖に水分を閉じ込める効果があるので、調味液に漬ける前に、塩と砂糖をもみ込むようにしています。

常温に戻してから焼く
時間に余裕があるなら、焼く30分くらい前に冷蔵庫から出して常温に戻しておくと、火の通りがよくなります。

サブ

ほんのりスパイシーなカレー風味がおいしい肉じゃがです。煮物は冷める時に味がしみるので、作り置きにはもってこいです。

調理時間 **30分**　保存 冷蔵**5日**　**¥420**　両手なべ調理　お弁当に

カレー肉じゃが

材料（保存容器大1個分）

豚バラ薄切り肉……150g
じゃがいも……小2個
にんじん……小1本
玉ねぎ……½個（約150g）
A［砂糖大さじ2　しょうゆ大さじ1.5　カレー粉小さじ1　水100ml］
小ねぎ……好みで

作り方

1. じゃがいもは皮をむいて食べやすい大きさに切り、水にさらす。にんじんは2mm幅程度のいちょう切りか半月切り、玉ねぎは薄切りにする。豚肉は食べやすい大きさに切る。
2. なべに水けをきったじゃがいも→にんじん→玉ねぎ→豚肉の順番に入れ、Aを加えてフタをして火にかける。煮立ったら弱火で15分煮る。
3. フタを取って煮汁がなくなるくらいまで煮る。好みで小ねぎを散らす。

MEMO

肉はお好みのものを
豚バラ肉は、コクとうまみで煮物をおいしくしてくれますが、こま切れ肉などでも大丈夫です。豚肉ではなく牛肉に変えるなど、お好みのものでアレンジを。

大きめの鍋で煮る
具材が多いので、できれば大きめのなべの使用をおすすめします。私は直径20cmの両手なべを使っています。お使いのなべによって、水の分量は調整してください。

火が通るまで動かさない
煮る時は火が通りにくい野菜から順番に入れて、じゃがいもが煮えるまでフタを開けず、動かさないのがポイントです。途中、煮汁の様子を見ながら、焦げつきそうなら下の野菜を動かしてください。

小松菜にささ身のうまみがよく合います。野菜もたんぱく質もとれるおかずです。

調理時間 15 分　保存 冷蔵4日　¥217　片手なべ調理　お弁当に

小松菜とにんじん、ささ身のあえ物

材料（保存容器大1個分）

小松菜……大1袋
にんじん……¼本
鶏ささ身……2本（約100g）
A ［しょうゆ大さじ1.5　穀物酢大さじ1　砂糖小さじ2　いり白ごま適量］

作り方

1. 小松菜は2cm幅に切る。にんじんは細切りにする。
2. にんじんは水からゆで、ある程度やわらかくなったら小松菜を茎→葉の順に入れてやわらかくなるまでゆで、ざるにあげて水けをきる。
3. ささ身はゆでてほぐし、筋は取り除く。
4. ボウルにAを混ぜ合わせ、、を加えてあえる。

MEMO

野菜は時間差でゆでる
先ににんじんをゆで始め、次に小松菜を加えると、ゆで上がりがちょうどよくなります。

電子レンジ加熱もできる
にんじんとささ身は電子レンジで加熱しても大丈夫です。その場合、にんじんは耐熱容器に入れてふわりとラップをかけ、電子レンジで1～2分程度加熱します。太さにより調整します。ささ身は酒をふりかけてからふんわりとラップをかけ、1分程度加熱します。火が通っていないようなら加熱時間を追加してください。

冷やしておいしいおかずなので、冷蔵庫から出してすぐ食べられます。味が行き渡るよう、1日1回は全体を混ぜ合わせるのがおすすめです。

調理時間 **10分** ｜ 保存 冷蔵**3日** ｜ **¥286** ｜ 片手なべ＆電子レンジ調理

中華春雨

材料（保存容器大1個分）

乾燥春雨……50g
ハム……4枚
きゅうり……1本
にんじん……½本
A［調味酢大さじ4　砂糖大さじ2　しょうゆ、ごま油各大さじ1.5　しょうが（チューブ）5cm　いり白ごま適量］
※調味酢についてはp.11参照

作り方

1. なべに湯をわかして春雨をゆで戻し、水けをきる。長い場合は食べやすい長さに切る。ハム、きゅうり、にんじんは細切りにし、にんじんは耐熱容器に入れてふわりとラップをかけ電子レンジで1〜2分、やわらかくなるまで加熱する。
2. ボウルにAと1を入れ、混ぜ合わせる。

MEMO

春雨の使い方
春雨は小分けにされているものが便利です。また、短く食べやすい長さになっているもののほうが、使いやすくておすすめです。使う時はなべでゆがくか、耐熱容器に入れて熱湯を注ぎ、2〜3分おいて戻します。ものによって違うので、購入した袋の表記を確認してくださいね。

食べる時は一度混ぜる
容器の下に調味液がたまっているので、食べる時は下の方から混ぜ合わせて取り分けます。

春雨の食感をよくする
春雨をゆでる時、少量の牛乳を加えると、作り置きをしても食感が落ちにくくなります。

塩もみしたなすに調味料を加えただけの一品。梅干しとおかかの組み合わせはうまみがあっておいしいです。

調理時間 **15**分 ／ 保存 冷蔵**4**日 ／ **¥135** ／ 電子レンジ調理 ／ お弁当に

なすの梅肉おかかあえ

材料（保存容器中1個分）

なす……2本
梅干し（塩分8%）……2個
A［みりん大さじ1.5　しょうゆ小さじ1　かつお節（小分けタイプ）½パック］

作り方

1. なすは薄切りにして塩小さじ½（分量外）でもみ、10分程度おく。梅干しは種を取り、包丁でたたいてペースト状にする。
2. Aのみりんは耐熱容器に入れてふわりとラップをかけ、電子レンジで1分加熱する。
3. なすは軽くしぼり、ペーパータオルで水分をふき取ってボウルに入れる。2と残りのA、梅肉を加えて混ぜ合わせる。

MEMO

みりんの加熱後に注意
みりんは電子レンジを使ってアルコールを飛ばします。取り出す時は熱いので注意してください。

酸っぱさがおいしい半熟の煮卵。食欲がない時にも食べやすいおかずです。漬けてから2日め以降が食べごろです。

| 調理時間 15 分 | 保存 冷蔵 4 日 | ¥114 | 片手なべ調理 お弁当に |

酢じょうゆ煮卵

材料（保存容器中1個分）

卵……4個
A［穀物酢大さじ4　しょうゆ大さじ1.5　砂糖大さじ½　赤唐辛子（小口切り）少々］

作り方

1. 卵は常温に戻す。なべに湯を沸かし、お玉でそっと卵を入れて強火で6〜7分ゆでる。
2. 1の湯を捨て、冷水で卵を冷やして殻をむく。
3. ジッパー付きポリ袋に2とAを入れて漬ける。

MEMO

半熟卵を上手に作るコツ

半熟卵を作る時に気を付けるのは、①卵は常温に戻す②沸騰した湯に、お玉でそっと卵を入れる③強火のままゆでる④冷水で冷やすです。ゆで時間は6分だとトロトロの状態なので、好みで7分ほどゆでてください。

保存する時は空気を抜いて

保存袋に入れたら、なるべく空気を抜いてから口を閉じ、保存します。袋から調味液が漏れないよう、バットや保存容器の上に置いて冷蔵保存しています。

シャキシャキのれんこんと塩こんぶ、ごま油の風味が合う一品。お好みでいりごまをかけてもおいしいです。

調理時間 **10**分 | 保存 冷蔵**5**日 | **￥295** | 片手なべ調理 | お弁当に

れんこんの塩こんぶあえ

材料（保存容器小1個分）

れんこん……2節
A ［塩こんぶ2〜3つまみ　しょうゆ、ごま油各大さじ½］

作り方

1. れんこんは皮をむき、4〜5mm厚さに切って酢水にさらす。
2. 水けをきった1をなべで3〜4分ゆで、ざるにあげて粗熱を取る。
3. ボウルにAを混ぜ合わせ、2を加えてあえる。

MEMO

れんこんの切り方

れんこんは直径が大きければ、半月切りやいちょう切りにします。

塩こんぶの量

塩こんぶは親指、ひとさし指、中指、薬指の4本でつまめる量をひとつまみとしています。塩こんぶは使い終わりになると塩けが強い場合があるので、その時は味を見ながら調整してくださいね。

サブ

定番おかずのレシピです。バター炒めは、しょうゆを少量加えると味が引き締まります。

調理時間 **10**分 　保存 冷蔵**3**日 　¥**350** 　両手なべ&フライパン調理  お弁当に

ほうれん草とベーコンのバター炒め

材料（保存容器中1個分）

ほうれん草……2袋
ベーコン（ハーフ）
　……1パック（4枚）
バター……20g
A［しょうゆ小さじ1　粗びき黒こしょう少々］

作り方

1. ほうれん草は、固めにゆでて水けをきり、食べやすい大きさに切る。ベーコンは1cm幅に切る。
2. フライパンにバターを熱し、ベーコンを炒める。色が変わったらほうれん草、Aを加えて炒め合わせる。

MEMO

ほうれん草の調理

ほうれん草はまず茎からなべに入れて30秒程度ゆで、次に葉を入れてさらに30秒程度ゆでます。火が通っているので、炒める時はさっと油が回るくらいで大丈夫です。

ツナのうまみがひじきによくしみた煮物。ごま油を加えると風味が増しておいしいです。

| 調理時間 30分 | 保存 冷蔵5日 | ￥187 | 片手なべ調理 | お弁当に |

ひじきとツナの煮物

材料（保存容器中1個分）

乾燥芽ひじき……15g
ツナ缶（オイル）……1缶
にんじん……½本
絹さや……好みで4～5枚
A［水150ml　酒大さじ1
　　みりん大さじ1.5　砂糖
　　小さじ2］
しょうゆ……大さじ1
ごま油……少々

作り方

1. ひじきは水で戻して水けをきる。にんじんと絹さやは細切りにする。
2. なべにひじきとにんじん、ツナ缶をオイルごと入れ、Aを加えて落としブタをし、火にかける。煮立ったら弱火で10分程度煮る。
3. しょうゆと絹さやを加え、煮汁が少なくなるまでさらに煮て、ごま油を加える。

> **MEMO**
>
> **絹さやは冷凍すると便利**
> 彩りに少量使用する絹さやは、まとめてゆでて冷凍しておくと便利です。使用する場合は、火を止めてから入れると余熱で解凍されます。

COLUMN 4 保存容器のメリットデメリット

さまざまな保存容器を実際に使っているうちに、使用感の違いがわかってきました。作り置きを始めた最初の頃はプラスチック製の保存容器を使っていましたが、今はホーロー製品とガラス製品をメインに使っています。それぞれによしあしがあるので、スタイルに合わせて使い分けるのがおすすめです。

ホーロー

おなじみの野田琺瑯の製品を愛用しています。白の清潔感がとても素敵で、入れたものがおいしそうに見えます。汚れ落ちもよいです。ただ中身が見えないので時間があるときはラベルを貼っています。

メリット
おいしそうに見える、清潔感がある、色・におい移りがない、オーブン・直火可、油汚れが落ちやすい

デメリット
中身が見えない、スタッキングしにくい、高価、レンジ不可、フタは食洗機不可

耐熱ガラス

iwakiのガラス容器を使用しています。中身が見えること、レンジにかけられることが魅力です。フタがしっかりしたプラスチック製で、重ねて置いたときに安定感があります。フタにすき間があって乾燥が気になるので、おかずによってはフタの下にラップをしています。オーブンでも使用可能ですが、火の入り方がゆるやかなのでおかずによって使い分けています。

メリット
中身が見える、レンジ・オーブン可、色・におい移りがない、長く使える、汚れ落ちがいい

デメリット
重い、スタッキングしにくい、フタにすき間がある、熱伝導率が悪い、洗う時滑りやすい

プラスチック

スーパーなどでも比較的安価で手に入り、軽くて扱いやすいのが特徴です。冷凍もできるし、レンジにもかけられます。耐熱皿、耐熱ボウルがない場合は下ごしらえにも使えます。まさに作り置き生活の必須アイテム。ただし使いこむと着色や変形、内側のざらつきが出てくるので、長持ちはしません。

メリット
安い、気兼ねなく使える、レンジ可、スタッキング可、収納しやすい

デメリット
色・におい移りがある、劣化しやすい、油汚れが落ちにくい

瓶

ジャムの空き瓶など見た目がかわいいものと、WECKなどデザインに惹かれて購入したものを使っています。調味液に漬けるピクルスや、自家製ソースなどの液体ものを入れます。ふりかけや佃煮を入れてもおしゃれですし、粉ものの保存にも向いています。意外と場所を取るのが気になるところ。

メリット
液体の保存に向いている、しっかりフタをできる、見た目がかわいい

デメリット
使う用途の幅が狭い、スタッキングできない

PART 4

作り置きできるアレンジおかず

最後まで仕上げる前の段階、シンプルな下ごしらえをしただけの、"おかずのもと"です。
好みや気分に合わせて、いろいろな食べ方にアレンジすることができます。
これがあれば、毎日のおかずのバリエーションの幅がさらに広がります。

アレンジおかず

鶏むね肉をしっとりやわらかく調理。アレンジもできて、お財布にも優しい常備菜です。調理時間は長めですが、ほぼなべに入れておくだけなので簡単です。

| 調理時間 **70**分 | 保存 冷蔵**5**日 | **¥393** | 両手なべ調理 |

ほぐし蒸し鶏

材料（保存容器大1個分）

鶏むね肉……400g
砂糖……大さじ½
塩……小さじ½

作り方

1. 鶏肉は余分な脂を取り除き、観音開きにしてフォークで数か所さし、砂糖→塩の順にもみ込む。
2. 耐熱性のジッパー付きポリ袋に1を入れ、袋の空気をできるだけ抜いて口を閉じる。
3. 大きめのなべにたっぷりの湯を沸かし、沸騰したら火を止め、2を入れる。フタをして1時間ほどおく。
4. 袋から鶏肉を取り出して身をほぐし、蒸し汁と一緒に保存容器に入れる。

> **MEMO**
>
> **鶏肉をほぐす時は**
> 手でほぐす時はやけどに注意してください。熱い場合は、ピンセットやフォークを使ってくださいね。
>
> **皮はお好みで**
> 皮はお好みで取り除いてください。皮も一緒にゆでる場合は身をほぐすときに取り、包丁で細切りにすると食べやすいです。

アレンジおかずを使ったメニュー

作り置きのほぐし蒸し鶏に、野菜を切って加え、たれをかけるだけ。少しピリ辛なごまだれがお肉と野菜にからんで、箸が進みます。分量はサブおかずとしての2人分です。

調理時間 **5** 分

棒棒鶏
（バンバンジー）

材料（2人分）

ほぐし蒸し鶏……約80g
きゅうり……½本
トマト……1個
A［穀物酢大さじ1　みそ大さじ½　砂糖小さじ1　豆板醤小さじ½　すり白ごま大さじ1.5　しょうが（チューブ）3cm］

作り方

1. きゅうりはせん切りに、トマトは薄い半月切りにする。Aはボウルに入れてよく混ぜ合わせる。
2. 器にトマトを並べてきゅうりと蒸し鶏をのせ、Aをかける。

MEMO

メインおかずにする場合
今回はサブおかずとしての分量で作っています。メインにする場合は量を増やすなど、調整してくださいね。

豆板醤はお好みで
豆板醤がない場合、もしくは小さなお子さんも食べる場合は、入れなくても大丈夫です。辛みが欲しい場合は、唐辛子入りのラー油をAに加えてください。

アレンジおかずを使ったメニュー

やさしい味のだし茶漬けのレシピです。夜遅かったり、時間がないけれど何か食べたい時などに、さらっと食べられます。

調理時間 **5** 分

ほぐし蒸し鶏と野沢菜のだし茶漬け

材料(1人分)

ほぐし蒸し鶏……約100g
野沢菜漬け（市販）……適量
だし汁……適量
温かいご飯……1人分
揚げ玉、刻みのり、小ねぎ
　　……好みで

作り方

1. 温かいご飯に蒸し鶏と野沢菜漬け、揚げ玉、刻みのりをのせ、だし汁をかける。小ねぎを散らす。

MEMO

だし汁は好みのものを
だし汁は市販の和風顆粒だしをお湯で溶いたものや、昆布やかつお節からとったものなど好みのものを使ってください。

わさびで味に変化を
半分くらい食べたら、お好みでわさびを混ぜると、味に変化が出ておいしいです。

たくあんでもおいしい
野沢菜漬けの代わりにたくあんでもおいしいです。甘く、ポリポリの食感もアクセントになります。

焼きたてカリホク食感のじゃがいもと、とろっとチーズ、やわらか蒸し鶏のバランスがとてもよいです。ケチャップはお好みでかけてください。

アレンジおかずを使ったメニュー

調理時間 15 分

ほぐし蒸し鶏のポテトガレット

材料(2人分)

ほぐし蒸し鶏……約100g
じゃがいも……2個
塩、粗びき黒こしょう
　　……各少々
ピザ用チーズ、サラダ油
　　……各適量
パセリ……好みで

作り方

1. じゃがいもは皮をむいてせん切りにし、ボウルに入れて塩と粗びき黒こしょうを加え、まんべんなくからめる。
2. 直径20cm程度のフライパンに油を中火で熱し、1の半量→チーズ→蒸し鶏→チーズ→残りの1の順に円形に広げながら重ね、フライ返しなどで上から強めに押さえて焦げ目がつくまで焼く。
3. 裏返してもう片面も焦げ目がつくまで焼く。好みでパセリを散らす。

MEMO

スライサーで手早くせん切り

じゃがいもは先にスライサーで薄切りにしてから包丁で切ると、細かいせん切りが早く簡単です。

小さめのフライパンがおすすめ

きれいな円形を作るなら、小さめのフライパンがおすすめです。

アレンジおかず

たくさん作って冷凍保存もできる常備菜。ゆで汁ごと保存します。アレンジしやすいので何パターンものおかずが楽しめます。

調理時間 **20**分 ／ 保存 冷蔵**5**日 ／ **¥394** ／ 片手なべ調理

NO.2 ゆで鶏だんご

材料（保存容器大1個分）

鶏ももひき肉……280g
ねぎ……½本
しょうが……1かけ
A ［しょうゆ小さじ1.5　中華スープのもと小さじ1　片栗粉小さじ2］

作り方

1. ねぎはみじん切りにする。しょうがはすりおろす。
2. ボウルにひき肉を入れて粘りが出るまでよく混ぜ、Aを加えてよく混ぜ合わせ、3cm大に丸めてバットに並べる。
3. なべに湯3～4カップを強火で沸かし、2を静かに落とす。表面の色が変わったら火を止め、フタをして粗熱が取れるまでおく。

MEMO

しょうがのすりおろし
しょうがのすりおろしは、ボウルの上でガーリックプレスを使って直接入れています。少量のすりおろしに便利です。

肉だねは一度冷やす
中華スープのもとは少量の湯で溶かすと混ぜやすいです。肉だねを成形する前に冷蔵庫で冷やしておくと、固くなって成形しやすくなります。

ディッシャーで成形
私は丸く成形する場合はいつもアイスクリームディッシャーを使っています。湯を沸かしている間にバットに成形したものを並べておき、入れる直前に丸く成形し直しながら入れるときれいな形にできあがります。

余熱調理でしっとり
余熱で火を通すことで、火が通りすぎず、再加熱して調理した時もしっとり食感になります。手でなべ肌を触れられるくらいになったら、汁ごと保存容器に移します。

鶏だんごと野菜を使った簡単で栄養たっぷりのスープ。お湯を沸かして温めるだけでできるので本当に簡単です。

調理時間 **5 分**

和風鶏だんごスープ

材料(2人分)

ゆで鶏だんご……8個
キャベツやにんじんなど好みの野菜……適量
乾燥春雨……50g
水……約4カップ
A[和風顆粒だし8g　しょうゆ小さじ2]

作り方

1. 好みの野菜は食べやすく切る。
2. なべに湯を沸かして1を固いものから入れ、春雨を加えて戻し、Aで調味する。鶏だんごを加えて温める。

MEMO

お好みの野菜で
野菜は冷蔵庫に余ったものなど、なんでも入れてしまって大丈夫です。火が通りにくいものから先にゆでて調理します。

アレンジおかずを使ったメニュー

アレンジおかずを使ったメニュー

とろみをつけた、あっさりめのもやしあんは具材たっぷりで食べごたえ十分です。

調理時間 10 分

鶏だんごもやしそば

材料(1人分)

- ゆで鶏だんご……4～5個
- もやし……½袋
- ねぎ……½本
- にんじん……好みで
- 中華麺……1袋
- A［中華スープのもと小さじ1　しょうゆ大さじ1　砂糖大さじ½　水200ml］
- 片栗粉……大さじ½
- B［中華スープのもと小さじ1　湯100ml］
- サラダ油……適量
- 小ねぎ……好みで

作り方

1. ねぎは斜め薄切り、にんじんは細切りにする。中華麺は袋の表記にしたがってゆでる。
2. フライパンに油を熱し、ねぎとにんじんを炒める。火が通ったらもやしを加えて炒め合わせ、鶏だんごとAを入れ、フタをする。温まったら片栗粉を同量の水で溶いて加え、とろみをつける。
3. どんぶりにBを混ぜ合わせて中華麺を入れ、2を注ぐ。好みで小ねぎを散らす。

MEMO

鶏だんごの温め方
冷蔵保存していた鶏だんごは冷たいので、フタをして中まで温めます。鶏だんごのゆで汁を使う場合は、Aの中華スープのもとと水の量を調整します。

とろみづけはしっかりと
食べているととろみがなくなってくるので、固めにつける方がいいです。もし足りなければ片栗粉の量を調整してくださいね。

どんぶりは湯で温めておく
もやしあんを作っている間に湯を沸かし、どんぶりに注いで温めておくと、スープが冷めにくくなります。温まったら湯を捨て、スープを溶きます。

アレンジおかずを使ったメニュー

ガーリックチップスがポイントのエスニック味。ナンプラーがない場合は、しょうゆとオイスターソースで調整してもいいと思います。

調理時間 **10** 分

エスニック風鶏だんご春雨スープ

材料(1人分)

ゆで鶏だんご……4〜5個
にら……½束
もやし……½袋
にんじん……好みで
にんにく……2かけ
乾燥春雨……25g
水……400ml
A［中華スープのもと小さじ1　ナンプラー小さじ2　レモン汁小さじ½］
サラダ油……適量

作り方

1. にらは食べやすい長さに切り、にんじんは細切りに、にんにくは薄切りにする。
2. なべに水とにんじんを入れて火にかける。フライパンに油を熱し、にんにくを揚げ焼きにして取り出す。
3. にんじんがやわらかくなったら、春雨を加えてゆで、鶏だんごとAを加えて温める。
4. 2のフライパンでにらともやしをさっと炒める。どんぶりに3を入れてにらともやしを盛り、2のにんにくを散らす。

MEMO

ゆで汁を使う場合
鶏だんごのゆで汁を使う場合は、水とAの中華スープのもとの量を調整してください。

アレンジおかず

塩けのきいた鮭は、よい具合に味のアクセントになります。白いごはんにのせるだけでもおいしくてお弁当にも役立つので、安く買える時にまとめて買って、作り置きしておくと心強いです。

| 調理時間 20分 | 保存 冷蔵5日 | ¥287 |

ほぐし鮭

材料（保存容器小1個分）

鮭（甘塩）……2～3切れ
サラダ油……大さじ1

作り方

1. オーブンの天板にクッキングシートを敷き、鮭を並べて180℃で15分程度焼く。
2. 鮭の皮と骨を取り除き、身を手でほぐす。油とあえる。

MEMO

オーブン以外でも作れる
魚焼きグリルやトースターでも作れます。ご使用の調理器具に合わせて、焼き時間や火加減を調整してください。

ほぐし鮭の卵焼き

材料(2人分)

ほぐし鮭¼〜½切れ分　卵3個　青じそ3〜4枚　白だし、砂糖各小さじ1　サラダ油適量

作り方

❶青じそはせん切りにし、ほぐし鮭、卵、白だし、砂糖とよく混ぜ合わせる。
❷卵焼き器に油を熱して1を流し入れ、卵焼きを作る。

鮭と青じそを入れた、見た目も鮮やかな卵焼きです。

ほぐし鮭の玉ねぎチーズ焼き

材料(1人分)

ほぐし鮭½〜1切れ分　玉ねぎ½個　マヨネーズ大さじ2〜3　ピザ用チーズ適量　卵1個

作り方

❶玉ねぎは薄切りにし、耐熱容器に入れてふわりとラップをかけ、電子レンジで4〜5分加熱する。❷1とほぐし鮭、マヨネーズをよく混ぜ合わせて耐熱容器に入れ、平らにならす。真ん中にくぼみを作り、卵を割り入れる。❸チーズを散らし、オーブンまたはオーブントースターでチーズに焦げ目がつくまで焼く。

こんがり焼けたチーズと、半熟卵がおいしい洋風おかず。

ほぐし鮭とブロッコリーのポテトサラダ

材料(1〜2人分)

ほぐし鮭35g　じゃがいも1個　ブロッコリー(小房に分けてゆでたもの)小3房(約40g)　A[マヨネーズ大さじ1.5　粗びき黒こしょう、粉チーズ各少々]

作り方

❶じゃがいもは角切りにして耐熱容器に入れ、ふわりとラップをかけ電子レンジで4〜5分、やわらかくなるまで加熱する。ブロッコリーは小さめに切る。❷1のじゃがいもは好みの状態にマッシュし、ほぐし鮭とAを加えてよく混ぜ合わせ、ブロッコリーを加えてひと混ぜする。

ほぐし鮭の塩けと粗めにマッシュしたじゃがいもがよく合います。

アレンジおかずを使ったメニュー

アレンジおかず

塩もみしたキャベツは、そのままサラダ感覚で食べてもよいですし、加熱調理もできます。野菜のおかずが一品欲しい時に重宝します。

調理時間 **10**分 ／ 保存 冷蔵**5**日 ／ ￥**99**

NO.4 塩キャベツ

材料（保存容器大1個分）

キャベツ……1個（約1kg）
塩……小さじ2

作り方

1. キャベツはせん切りにして塩をもみ込み、耐熱容器に入れてふわりとラップをかけ、電子レンジで4分程度加熱し、水けをよくきる。

MEMO

キャベツの大きさの目安
キャベツを半分に切って芯がある状態でだいたい1kgのものを使用しました。ずっしりと重みのあるしっかりめのキャベツです。大きさによって塩を加減してくださいね。

大きめの耐熱ボウルで
せん切りにしたキャベツはかさがあるので、大きめの耐熱ボウルを使用するとよいです。

塩キャベツとツナ、トマトのサラダ

材料(1人分)

塩キャベツ100g　トマト1個　ツナ缶(オイル)1缶　A[マヨネーズ適量　しょうゆ少々]　いり白ごま好みで

作り方

❶トマトは食べやすい大きさに切る。❷塩キャベツ、ツナをオイルごと、Aを混ぜ合わせ、1を加えてさっとあえる。好みでいり白ごまを振る。

ツナとマヨネーズ、塩キャベツが好相性のサラダです。

塩キャベツの塩こんぶあえ

材料(1人分)

塩キャベツ100g　塩こんぶ、ごま油各適量　いり白ごま好みで

作り方

❶材料をすべて混ぜ合わせ、好みでいり白ごまを振る。

MEMO
塩こんぶは味を見ながら調整
塩キャベツに味がついているので、塩こんぶの量は味見をしながら調整してくださいね。

塩こんぶとごま油を混ぜるだけでできる、やみつき味の一品です。

塩キャベツ焼き

材料(1～2人分)

塩キャベツ約150g　A[片栗粉、小麦粉各大さじ2　水大さじ3]　卵1個　サラダ油適量

作り方

❶塩キャベツとAをボウルに入れてよく混ぜ合わせる。❷フライパンに油を熱し、真ん中をあけて1を平たくのばすように流し入れる。❸あいた部分に卵を割り入れ、フタをして弱めの中火で3分程度蒸し焼きにする。フタを取って裏返し、1分焼く。

シンプルな材料で作れる、どこか懐かしい味がするおかずです。

アレンジおかずを使ったメニュー

PART 5

作り置きおかず
カタログ

『つくおき』のサイトを見てくださっている方に人気のおかずや、
ここ最近のわが家の食卓で登場回数が多いおかずを中心に
メインからサブまで、おすすめのレシピをまとめてご紹介します。

野菜をたくさん使った彩りのいいおかずです。パプリカやピーマン、赤ピーマンなど、好みでお使いください。ヤングコーンを使用してもきれいです。

調理時間 20分 | 保存 冷蔵5日 | ¥678 | フライパン調理 | お弁当に

酢鶏

材料（保存容器大1個分）

鶏むね肉……350g
砂糖……大さじ½
塩……小さじ½
パプリカ（赤・黄）……各1個
ピーマン……3個
玉ねぎ……¼個
A［穀物酢、トマトケチャップ各大さじ2　オイスターソース大さじ1　しょうゆ、砂糖各大さじ½　しょうが（チューブ）3cm　中華スープのもと小さじ1］
片栗粉、サラダ油……各適量

作り方

1. 鶏肉はフォークで数か所さし、砂糖→塩の順にもみ込んで1〜2cm角に切る。パプリカ、ピーマンは角切りに、玉ねぎは薄切りにする。
2. Aの中華スープのもとは少量の湯で溶き、残りのAと合わせる。
3. フライパンに多めの油を熱し、1の鶏肉に片栗粉をまぶして入れ、揚げ焼きにする。火が通ったら取り出す。
4. 3のフライパンで1の野菜を炒め、表面に油がまわったら火を止める。余分な油をペーパータオルなどでふき、3を戻し入れて2を加え、中火でからめながら炒める。

MEMO

鶏肉の下ごしらえ

砂糖が水分を閉じ込め、塩が肉をやわらかくする効果があるので、作り置きにしてもやわらかさを保ちます。1〜2分もみ込むだけでも効果があります。

鶏むね肉のさっぱりとしたソテーにトマトソースがよく合います。トマト缶だと分量が多いので、生のトマトを使っています。

調理時間 **15**分 ／ 保存 冷蔵**5**日 ／ **¥545** ／ フライパン調理 ／ お弁当に ／ 冷凍しても

チキンソテー トマトソース

材料（保存容器大1個分）

- 鶏むね肉……400g
- 砂糖……大さじ½
- 塩……小さじ½
- トマト……1個
- にんにく……1かけ
- A［白ワイン大さじ2　塩、粗びき黒こしょう各少々］
- 小麦粉……少々
- サラダ油……適量
- パセリ……好みで

作り方

1. 鶏肉は余分な脂を取り除いてそぎ切りにする。フォークで数か所さし、砂糖→塩の順にもみ込む。トマトは角切りにし、にんにくはみじん切りにする。
2. フライパンに油を熱し、小麦粉をまぶした鶏肉を皮を下にして焼く。表面がきつね色になったら裏返してフタをし、弱めの中火で4分蒸し焼きにし、保存容器に取り出す。
3. 2のフライパンに油を熱し、にんにくを炒める。香りが立ったらトマトを加えて炒め、Aを加えて煮詰める。
4. 2に3をかけ、好みでパセリを散らす。

MEMO

鶏肉の下ごしらえ

皮はお好みで取り除いてください。下味の砂糖が水分を閉じ込め、また、塩の鶏むね肉をやわらかくする効果によって、作り置きにしてもやわらかさを保ってくれます。

揚げたてをねぎだれにからめます。できたてはカリッとしていますが、作り置きにすると味が衣になじんでしっとりします。

| 調理時間 20 分 | 保存 冷蔵5日 | ￥429 | フライパン調理 | お弁当に | 冷凍しても |

ねぎだれ唐揚げ

材料（保存容器大1個分）

鶏もも肉……400g
A［しょうゆ小さじ1　しょうが（チューブ）5cm］
小ねぎ……適量
B［みりん大さじ2　しょうゆ大さじ1　ごま油少々］
片栗粉、サラダ油……各適量

作り方

1. 鶏肉はひと口大に切ってポリ袋に入れ、Aを加えて20分以上漬ける。
2. 小ねぎは小口切りにしてボウルに入れ、Bを混ぜ合わせる。
3. フライパンに多めの油を熱し、1に片栗粉をまんべんなくまぶして皮を下にして入れ、揚げ焼きにして火を通す。油をきって2に加え、全体にからめる。

MEMO

漬けておく時間
私は作る前日に下ごしらえをすることが多いので一晩おくことが多いですが、すぐ作る場合は、鶏肉を数か所フォークでさすと味がしみ込みやすくなると思います。

揚げ焼きの方法
鶏肉は皮を下にしてフライパンに入れ、ふちが茶色くなってきたら裏返します。ふちの色が変わるまでは、動かさないことがポイントです。裏返してからは火の通りが早いので、いい色がついたら早めに取り出します。

温め直して食べてもお肉がやわらかい定番おかず。しょうがもよく煮込まれているので、一緒に食べてみてくださいね。

調理時間 **40**分 | 保存 冷蔵**5**日 | **¥421** | 両手なべ調理

手羽元と卵の煮込み

材料(保存容器大1個分)

鶏手羽元……10本
卵……4個
しょうが……2かけ
A［酒大さじ3　みりん、しょうゆ各大さじ2　調味酢大さじ1.5　砂糖大さじ1］
サラダ油……適量
※調味酢についてはp.11参照

作り方

1. 手羽元はフォークで数か所さす。卵は固めにゆでて殻をむく。しょうがはせん切りにする。
2. なべに油を熱し、手羽元を転がしながら表面を焼く。
3. 卵、具材の高さの半分くらいの水、A、しょうがを加えてフタをし、中火で煮立てる。火を弱め、落としブタをしてさらにフタをし、20分ほど煮込んだらフタを取り、水分を飛ばす。

MEMO

なべの大きさ
煮汁がまんべんなく具材に行き渡るように、鶏肉をなべ底に敷き詰められるくらいの大きさのなべで煮るのがおすすめです。鶏肉を焼くとなべ底にくっついてしまう場合は、フライパンで焼いてからなべに入れます。

落としブタの上にフタをする
落としブタをした上からさらにフタをすると、鶏肉がパサつかずに仕上がると思います。

たんぱくなささ身にゆずこしょうがほどよいアクセントです。お弁当にも入れやすいです。仕上げの小ねぎはお好みでどうぞ。

調理時間 20分 | 保存 冷蔵4日 | ¥411 | フライパン調理 | お弁当に | 冷凍しても

鶏ささ身のゆずこしょうみそ炒め

材料（保存容器大1個分）

鶏ささ身……400g
A ［みそ大さじ2　みりん大さじ1.5　酒大さじ1　ゆずこしょう小さじ½］
片栗粉、サラダ油……各適量
小ねぎ……好みで

作り方

1. ささ身は筋を取り、ひと口大のそぎ切りにして片栗粉をまぶす。
2. フライパンに油を熱して1を入れ、中火で両面を焼く。混ぜ合わせたAを加え、水分がほどよく飛ぶまで炒める。好みで小ねぎを散らす。

MEMO

ささ身の切り方
ささ身は少しそぎ切りにし、火の通りをよくします。厚めに切る場合は焼く時にフタをし、蒸し焼きにするなどしてくださいね。

調味料は混ぜ合わせてから
みそは混ざりにくいので、あらかじめほかの調味料と混ぜ合わせるといいです。小さめのホイッパーを使うと便利です。

温め直しても冷たいままでもおいしい常備菜。さっぱりした味つけですが、野菜が多く入っていて食べごたえがあります。

調理時間 **20**分 ｜ 保存 冷蔵**4**日 ｜ ¥531 ｜ フライパン調理 ｜ お弁当に

鶏ささ身南蛮

材料（保存容器大1個分）

鶏ささ身……6本（約380g）
玉ねぎ……1/2個
にんじん……1/2本
ピーマン……2個
パプリカ（赤・黄）
　……各1/2個
A［調味酢大さじ3　しょうゆ、
　みりん各大さじ2　砂糖
　大さじ1.5］
片栗粉、サラダ油……各適量
※調味酢についてはp.11参照

作り方

1. ささ身は筋を取り、ひと口大に切る。野菜はすべて細切りにする。
2. フライパンに油を熱し、玉ねぎとにんじんを炒める。玉ねぎがしんなりしたらピーマンとパプリカを加えて炒め、油がまわったら取り出す。
3. 2のフライパンに多めの油を熱し、ささ身に片栗粉をまぶして中火で揚げ焼きにする。
4. フライパンの余分な油をペーパータオルなどでふき取り、2とAを加える。水分がほどよく飛び、とろみがついたら火を止める。

MEMO

**野菜は火が
通りにくいものから**

玉ねぎとにんじんは火が通りにくいので先に炒めます。玉ねぎがしんなりして透明になってきたら、残りの野菜を炒めます。

鶏ひき肉と豆腐で作る、ふんわり食感がおいしいヘルシーハンバーグ。相性のいいしょうが入りの和風あんかけでいただく、味も見た目もやさしいメインおかずです。

調理時間 30分 | 保存 冷蔵4日 | ¥485 | フライパン調理 | お弁当に

鶏ひき肉と豆腐の和風ヘルシーハンバーグ

材料（保存容器大1個分）

鶏ひき肉（むね）……350g
絹ごし豆腐……1丁（350g）
A ［片栗粉小さじ2　塩小さじ½］
しょうが……1かけ
B ［みりん、砂糖各大さじ1
　　白だし大さじ1.5　しょうゆ大さじ½　水100ml］
片栗粉……小さじ2
サラダ油……適量
小ねぎ……好みで

作り方

1. 豆腐は水きりする。しょうがはせん切りにする。
2. ボウルにひき肉を入れて、粘りが出るくらいまで手でしっかりと混ぜ、1の豆腐とAを加えたらさらによく混ぜ合わせる。12等分して平丸形に成形する。
3. フライパンに油を熱して、2を並べて強火で2分程度焼く。裏返してフタをし、弱火で5分程度焼き、保存容器に移す。
4. 3のフライパンにしょうがとBを入れ、ひと煮立ちさせたら弱火にする。片栗粉を水小さじ2で溶いて加え、とろみが出てきたら3のハンバーグにかける。好みで小ねぎを散らす。

MEMO

豆腐の水きり

豆腐はペーパータオルではさんでまな板にのせ、バットにボウルを重ねたものをのせ、重しにします。豆腐に均等に重さがかかるものなら何でもいいです。水きりがめんどうな場合、厚揚げで代用できます。表面の茶色い部分を切り落として使ってください。

たねは成形する前に冷蔵庫で冷やす

時間がある時は、成形する前に肉だねを冷蔵庫で30分〜1時間ほどねかせます。味がなじみ、成形もしやすくなります。

レンジで作る鶏シュウマイにコーンと玉ねぎを加えました。味はついていますが、お好みでしょうゆをつけて食べてくださいね。

調理時間 15 分 ｜ 保存 冷蔵5日 ｜ ¥482 ｜ 電子レンジ調理 ｜ お弁当に ｜ 冷凍しても

コーンと玉ねぎの鶏シュウマイ

材料（保存容器大1個分）

鶏ひき肉（もも）……280g
シュウマイの皮……15枚
玉ねぎ……1/4個
コーン（冷凍）
　……適量（50g〜）
A［砂糖、しょうゆ各大さじ
　1/2　ごま油大さじ1　中
　華スープのもと小さじ1］

作り方

1. 玉ねぎはみじん切りにする。Aの中華スープのもとは少量の湯で溶かす。
2. ボウルにひき肉を入れて粘りが出るまでよく混ぜ、コーン、1、Aを加えて混ぜ合わせる。15等分して直径3〜4cm程度に丸め、シュウマイの皮で包む。
3. シリコンスチーマーなどの耐熱容器にクッキングシートを敷いて2を並べ、容器の底に水少量を入れて電子レンジで4分30秒加熱する。

MEMO

調味料を合わせる順番

めんどうでなければ、砂糖→しょうゆ→その他の調味料と加え、そのつどよく混ぜ合わせてください。砂糖の保水効果のために先に砂糖を全体に混ぜ合わせるといいです。肉だねはゆるければ、片栗粉を大さじ1程度加えて調整してください。

皮の包み方

肉だねを丸めたら、上に皮をかぶせてひっくり返す方法が楽でした。周りの皮は肉だねの側面に沿わせるだけで大丈夫。適当な感じで問題ありません。

そのまま食べるだけでなく、ミートパイにしたりチーズをのせて焼いたりしてもおいしいです。ほんのり甘みのある味つけは、お子様でも食べやすいかもしれません。

調理時間 20分 ／ 保存 冷蔵5日 ／ ¥501 ／ フライパン調理 ／ お弁当に

ミートポテト

材料（保存容器大1個分）

豚ひき肉……300g
じゃがいも……1個
玉ねぎ……½個
A ［トマトケチャップ大さじ3　中濃ソース大さじ2　顆粒コンソメ小さじ1　塩、粗びき黒こしょう各少々］
パセリ……好みで

作り方

1. じゃがいもは角切りにして耐熱容器に入れ、ふわりとラップをかけて電子レンジで4分加熱する。玉ねぎはみじん切りにする。
2. フライパンに油を引かずに、ひき肉を炒め、色が変わったら玉ねぎを加えて透き通るくらいまで炒める。
3. 2にじゃがいも、Aを加え、よく炒め合わせる。好みでパセリを散らす。

MEMO

じゃがいものレンジ加熱

じゃがいもはフライパンで炒めると火が通りにくいので、あらかじめレンジで加熱しておくと手早く、食感もよくなります。レンジで加熱すると水分が出るので、炒める時は水けをきってから加えます。

アレンジ

ミートポテトを冷凍パイシートで三角に包み、オーブンで焼けばミートパイができます。

メイン

漬けておけば、食べたいときに焼くだけと便利なおかず。みそを少し足すことで味がしっかりします。漬けるだけなら5分程度でできるので簡単です。

調理時間 **10** 分 ｜ 保存 冷蔵**5**日 ｜ **¥401** ｜ 火を使わない調理 ｜ 冷凍しても

豚肉のしょうが焼き

材料（保存容器大1個分）

豚ロース薄切り肉……260g
しょうが……1かけ
A [砂糖大さじ1.5　みりん、酒、しょうゆ各大さじ1.5〜2　みそ小さじ2]

作り方

1. 豚肉はフォークで数か所さし、食べやすい大きさに切る。
2. 保存容器にAを入れてしょうがをおろし入れてよく混ぜ合わせ、1を20分以上、できれば一晩漬ける。

食べる時はフライパンに油を熱して弱めの中火で焼く。玉ねぎなど野菜を加える場合は、先に野菜を炒めてから豚肉を加えて焼く。

MEMO

豚肉は好みの部位を

わが家では脂身が少なめで分厚すぎない、しょうが焼き用の豚肉を使用していますが、好みの部位で大丈夫です。

しょうがのすりおろし

しょうが1〜2かけをすりおろす時はガーリックプレスを使うと便利。しょうが焼きにはチューブより生のしょうがを使った方がおいしく仕上がります。

保存方法

保存容器にまんべんなく調味液に肉が漬かるように入れ、冷蔵庫で保存します。調理前の状態で3日保存可能です。

冷たいままでも温め直してもおいしい常備菜。きゅうりはお好みで添えます。ゆでる手順にちょっと時間がかかりますが、丁寧にやることがコツです。

調理時間 15分 ／ 保存 冷蔵5日 ／ ¥551 ／ 片手なべ調理 ／ お弁当に

豚しゃぶきゅうり

材料（保存容器大1個分）

豚ロース薄切り肉……300g
きゅうり……2本
A［みりん大さじ2.5　穀物酢大さじ1.5　しょうゆ、コチュジャン各小さじ1　しょうが（チューブ）3cm　いり白ごま少々］

作り方

1. きゅうりは塩小さじ½（分量外）を振ってもみ、細切りにする。
2. Aのみりんは耐熱容器に入れてふわりとラップをかけ、電子レンジで1分加熱する。ボウルに残りのAと合わせる。
3. なべに湯を沸かし、沸騰直前で火を止める。豚肉を1枚ずつ広げながら、6枚を目安に色が変わるまでゆで、ざるにあげる。
4. 豚肉の水分がある程度きれたら、冷めきらないうちにに加えてあえる。残りの豚肉も同様にする。

MEMO

辛みづけ
辛みづけのコチュジャンは、豆板醤などでも代用できます。辛さが異なりますので、少量からお試しください。

みりんは煮きって使う
みりんは電子レンジでアルコールを飛ばします。取り出す時は熱いので、少し時間をおいてから使っています。

豚肉のゆで方
豚肉は沸騰しっぱなしの湯でゆでると固くなるので、火を止めてからゆでます。湯が冷めてきたら適宜火をつけて調整してください。豚肉を広げながらなべに入れ、白くなった順にざるにあげます。6枚と書いていますがお好みで大丈夫です。ざるにあげたままだと水分が蒸発しすぎてパサつくので、水けがある程度きれたら調味液とあえてください。

フライパンひとつでさっと作れるメインおかず。食べごたえがあり、キャベツたっぷりで野菜もとれます。キャベツが安く手に入る時におすすめです。

調理時間 **15**分 | 保存 冷蔵**5**日 | **¥443** | フライパン調理 お弁当に 冷凍しても

豚肉とキャベツの にんにくバター炒め

材料（保存容器大1個分）

豚肩ロース薄切り肉
　……250g
キャベツ……¼個
にんにく……1かけ
塩、粗びき黒こしょう
　……各少々
A［バター20g　塩小さじ⅓］
サラダ油……適量

作り方

1. 豚肉はフォークで数か所さし、塩と粗びき黒こしょうを振る。キャベツはざく切り、にんにくはみじん切りにする。
2. フライパンに油を熱し、にんにくを炒める。香りが出たら、豚肉を広げながら加えて炒め、余分な脂はペーパータオルでふき取る。
3. キャベツを加えて炒め合わせ、Aを加えてひと炒めする。

MEMO

豚肉はこま切れでも
レシピではコクがあって脂質も適度にある、豚肩ロース薄切り肉を使用していますが、こま切れ肉でも大丈夫です。

豚肉は数回に分けて焼く
豚肉は数枚をフライパンの中央に広げ、ほどよく焼けたら外側に寄せます。この作業を何回か繰り返して焼くと、肉同士がくっつかず、焼きムラも少なくやわらかく仕上がります。

キャベツの炒め方
キャベツは食感が残ってもおいしいので、ある程度炒めたらバターと塩を加えて味がまわるようにひと炒めします。好みのやわらかさに仕上げてくださいね。

豚肉を調味液に漬けておけば、あとは食べたい時に焼くだけ。焼くと、わさびのツンとした辛さはなくなって風味とうまみが残り、食欲をかきたてます。

調理時間 10 分 ／ 保存 冷蔵5日 ／ ¥489 ／ フライパン調理 ／ お弁当に ／ 冷凍しても

豚肉の和風わさび漬け焼き

材料（保存容器大1個分）

豚肩ロース薄切り肉 ……320g
A［しょうゆ、みりん各大さじ1　白だし、調味酢各大さじ½　砂糖小さじ2　わさび（チューブ）5cm］
サラダ油……適量
ベビーリーフ……好みで
※調味酢についてはp.11参照

作り方

1. 豚肉はフォークなどで数か所さし、食べやすい大きさに切る。
2. 保存容器にAを混ぜ合わせて1を入れ、20分以上漬けておく。
3. フライパンに油を熱し、2を重ならないように並べ入れて弱めの中火で焼く。器に盛り、好みでベビーリーフを添える。

MEMO

焼く前の状態で保存する場合

漬けた状態なら3日冷蔵保存が可能です。まんべんなく肉が調味液に漬かるようにし、冷蔵庫で保存します。冷凍用ポリ袋に入れれば、冷凍保存もできます。

保存期間について

漬けた状態と、焼いた状態で合わせて5日冷蔵保存可能です。たとえば、3日漬けてから焼いた場合は、2日以内に食べきるようにしてください。

スペアリブと聞くと調理が難しそうに感じるかもしれませんが、漬けたらオーブンで焼くだけです。レンジで温め直してもやわらかい食感はそのままです。

調理時間 30分　保存 冷蔵5日　¥855　オーブン調理 　冷凍しても

スペアリブのオーブン焼き

材料（保存容器大1個分）

スペアリブ……650g
にんにく……2かけ
塩、粗びき黒こしょう
　……各少々
A［みりん大さじ3　砂糖、しょうゆ各大さじ2　ローズマリー適量］

作り方

1. スペアリブはフォークで数か所さし、すりおろしたにんにくと塩、粗びき黒こしょうをすり込む。
2. ジッパーつきポリ袋に1とAを入れ、調味液を全体になじませて冷蔵庫で20分以上、できれば一晩おく。
3. オーブンの天板にクッキングシートを敷いて2を並べ、袋に残った調味液を適量かけ、200℃で15～20分焼く。

MEMO

スペアリブは早めに冷蔵庫から出して

スペアリブは常温においておくことで火の通りをよくします。時間に余裕があるなら、冷蔵庫から出してすぐ調理するのではなく、冷蔵庫から取り出して30分くらいたってからオーブンで焼くようにします。

ローズマリーで風味をよくする

ローズマリーはなくても大丈夫ですが、少し入れるだけで一気に洋食っぽい仕上がりになります。フライドポテトなどにも使えます。

ケチャップとみそで簡単にコクのある味になる煮込みハンバーグです。どちらもはっきりとした味の調味料ですが、相性のいい組み合わせです。

調理時間 **30分** ｜ 保存 **冷蔵5日** ｜ **¥343** ｜ フライパン調理 ｜ お弁当に ｜ 冷凍しても

トマみそ煮込みハンバーグ

材料(保存容器大1個分)

豚ひき肉……300g
玉ねぎ……½個
ナツメグ、塩、粗びき黒こしょう……各少々
A [みそ大さじ1.5　みりん大さじ1　トマトケチャップ小さじ2　しょうゆ小さじ1　水50ml]

作り方

1. 玉ねぎは半量をみじん切りに、残りは薄切りにする。
2. ボウルにひき肉を入れて粘りが出るまでよく混ぜ、みじん切りの玉ねぎ、ナツメグ、塩、粗びき黒こしょうを加えてよく混ぜ合わせ、等分にしてそれぞれ成形する。
3. フライパンに2を並べ、片面を強火で2分程度焼く。表面に焼き色がついたら裏返し、薄切りの玉ねぎを加えてフタをし、中火～弱火で3～4分蒸し焼きにする。
4. フタを取って混ぜ合わせたAを加え、1～2分煮詰める。

MEMO

ひき肉の種類
私は赤身の多い豚ひき肉を好んで使用しますが、お好みで合いびき肉などを使っても大丈夫です。ハンバーグを焼く工程で脂が多く出たら、ペーパータオルでふき取るなど調整してください。

肉だねは一度休ませる
肉だねは休ませた方が成形しやすくなります。混ぜ合わせたあと時間がある場合は冷蔵庫で休ませることをおすすめします。

火加減について
お使いの調理器具によっては強火だと焦げる場合があるので、途中で中火にするなど調整してください。

混ぜ合わせて焼くだけの簡単でおいしいおかず。チーズの量はお好みで調整してください。おもてなしの一品にもおすすめです。

調理時間 30分　保存 冷蔵5日　¥445　オーブン調理 　お弁当に

スコップチーズトマトハンバーグ

材料（保存容器大1個分）

豚ひき肉……300g
玉ねぎ……½個
トマト……1個
ピザ用チーズ……適量
A ［トマトケチャップ大さじ2　中濃ソース大さじ½　塩、粗びき黒こしょう、ナツメグ各少々］
パセリ……好みで

作り方

1. 玉ねぎはみじん切りに、トマトは5mm幅程度の輪切りにする。
2. ボウルにひき肉を入れて粘りが出るまでよく混ぜ、玉ねぎ、Aを加えてよく混ぜ合わせる。
3. 耐熱容器に2を入れ、トマト、チーズを重ねる。220℃のオーブンで20〜25分焼く。好みでパセリを散らす。

MEMO

焼き上がりの肉汁はそのままに

焼き上がると周りに肉汁が出てきますが、このまま保存します。冷蔵庫で保存すると肉汁の脂が冷えて固まりますが、肉汁にはうまみがたっぷり含まれているので、温め直すときは肉と一緒に加熱するのがおすすめです。

ソースで煮込んだやわらかミートボールです。温め直しても、冷めてもおいしい。お弁当のおかずにもちょうどいいサイズです。

| 調理時間 30分 | 保存 冷蔵5日 | ￥577 | フライパン＆電子レンジ＆オーブン調理 | お弁当に | 冷凍しても |

ふわふわミートボールのBBQソース風

材料（保存容器大1個分）

豚ひき肉……500g
玉ねぎ……½個
パン粉……½カップ
牛乳……50ml
A ［卵1個　ナツメグ、塩、粗びき黒こしょう各少々］
B ［トマトケチャップ大さじ4　中濃ソース大さじ1.5　砂糖、しょうゆ各大さじ1　レモン汁小さじ1　水50ml］
パセリ……好みで

作り方

1 玉ねぎはみじん切りにして耐熱容器に入れ、ふわりとラップをかけて電子レンジで1〜2分加熱し、粗熱を取る。パン粉は牛乳でふやかす。

2 ボウルにひき肉を入れて粘りが出るまでよく混ぜ、1、Aを加えてよく混ぜ合わせる。

3 オーブンの天板にクッキングシートを敷き、2を4cm大に丸めて並べ、200℃で15分焼く。

4 フライパンにBを合わせてひと煮立ちさせ、3を加えてからめ、少し煮詰める。好みでパセリを散らす。

MEMO

パン粉は牛乳でふやかしてから
牛乳は、パン粉を計量カップに入れたところにちょうどよくふやけるくらいまで入れています。ふやかしたらひき肉と混ぜ合わせます。

成形前に一度冷やす
肉だねは1時間程度冷蔵庫でねかせておくと、成形しやすくなります。私が作り置きする場合は、前日に作って一晩おくか、作り置きの手順の一番最初に下ごしらえをし、冷蔵庫で冷やしておきます。

味がしみたごぼうとお肉がおいしいおかず。牛肉は牛乳に浸し、湯にくぐらせることで、臭みを取っています。

調理時間 **30**分 ／ 保存 冷蔵**5**日 ／ ¥**758** ／ フライパン調理 ／ お弁当に ／ 冷凍しても

牛ごぼう

材料（保存容器大1個分）

牛こま切れ肉……250g
ごぼう（細いもの）……2本
A ［水100ml　みりん大さじ3　しょうゆ大さじ2　白だし大さじ½　赤唐辛子（小口切り）適量］

作り方

1. 牛肉はフォークなどで数か所さし、牛乳（分量外）に浸す。ごぼうは斜め薄切りにして水にさらす。
2. ボウルに熱湯を入れて、牛肉をさっとくぐらせてざるにあげる。
3. フライパンにAと水けをきったごぼうを入れてフタをし、火にかける。ごぼうの表面が透き通るくらいまで煮たら、2を加えて煮汁がほどよく飛ぶまで煮詰める。

MEMO

牛肉の臭みを取る
牛肉は牛乳に浸すと臭みが取れ、食感もやわらかくおいしくなります。私は前日にやっておき、一晩冷蔵庫でねかせることが多いですが、当日に30分程度でも効果があります。

湯にくぐらせてから使う
牛肉を使う時はさっと湯にくぐらせ、牛乳とアクを除いてから調理すると、味も仕上がりもよくなります。

アレンジ
卵でとじてもおいしいので、好みでどんぶりにしてもよいと思います。

甘辛い味つけで箸が進む一品です。ししとうのほのかな苦みがよいアクセントになります。片栗粉の衣で、日にちがたってもベチャッとしません。

調理時間 **15**分 ／ 保存 冷蔵**5**日 ／ **¥572** ／ フライパン調理 ／ お弁当に

あじとししとうの甘辛揚げ焼き

材料（保存容器大1個分）

小あじ（3枚おろし）
　……4尾分
ししとう
　……1パック（15本）
A［みりん大さじ2　しょうゆ、
　砂糖各大さじ1.5］
片栗粉、サラダ油、いり白ごま
　……各適量

作り方

1. あじはペーパータオルで水けをふき取り、片栗粉をまぶす。ししとうはヘタを取り、竹串などで穴をあける。
2. フライパンに多めの油を熱し、あじを揚げ焼きにする。ししとうも加え、表面に焼き色がつくまで炒める。
3. フライパンの余分な油をふき取り、混ぜ合わせたAを加えて煮からめる。いりごまを散らす。

MEMO

あじについて
あじは丸のままであれば3枚におろし、フライ用に売られているものであれば、尾っぽを切って使います。刺身用に売られているものを使っても大丈夫です。

ししとうのヘタ取り
ヘタは軽く力を入れるだけで気持ちよく取れます。固い部分が気になる場合は切り落としてもいいと思います。

砂糖の量
甘みを強くしたい場合は、砂糖の量を小さじ1程度増やしてください。

下ごしらえが簡単なたらの切り身を使ったおかずです。少し濃いめのたれが、淡泊なたらによく合います。

調理時間 **30**分 ／ 保存 冷蔵**5**日 ／ **¥506**

フライパン調理

お弁当に

たらの香味野菜あんかけ

材料（保存容器大1個分）

- たら……4切れ
- 塩……2〜3つまみ
- 玉ねぎ……1/4個
- にんにく……1かけ
- しょうが……2かけ
- 青じそ……2枚
- 赤唐辛子（小口切り）……好みで
- A［調味酢大さじ2　みりん、しょうゆ各大さじ1　砂糖大さじ1/2］
- 片栗粉、サラダ油……各適量

※調味酢についてはp.11参照

作り方

1. たらは大きな骨と皮を取って食べやすい大きさに切り、塩を振ってペーパータオルで水けを取る。玉ねぎは薄切りに、にんにくとしょうがはみじん切り、青じそはせん切りにする。

2. たらに片栗粉をつけて、多めの油を熱したフライパンで揚げ焼きにし、保存容器に取り出す。

3. 2のフライパンに玉ねぎ、にんにく、しょうが、赤唐辛子を入れて炒め、香りが出たらAを加えて火を止める。

4. 片栗粉小さじ1を同量の水で溶いて加え、再度火にかける。好みのとろみになったら2にかけ、青じそをのせる。

MEMO

たらの下ごしらえ

たらは水分が多いので、塩を振って10分程度おくことでほどよく水分が出て、食べる時にぷりぷりした食感になります。また、生臭さも抜けます。私はたらを切って塩を振ったら、ペーパータオルで包み10分程度おいています。

野菜あんを作るときは

たらを揚げ焼きにした後に油が多く残っていたら、ペーパータオルなどでふき取ってください。油が少ないようなら適宜足し、野菜を炒めてくださいね。

水溶き片栗粉

片栗粉と水は同量を目安に作ります。火を止めてから加えて混ぜると失敗しにくいです。フライパンがしっかり熱い場合は、再び火にかけなくても固まることがあるので、少量ずつ入れながらすぐ混ぜ、とろみ加減を調整してください。

さばは3枚おろしのものを買うと下ごしらえも簡単です。さばは鮮度が落ちやすいので、買ってきたらなるべく早く調理するのがおすすめです。

調理時間 **20**分 ／ 保存 冷蔵**4**日 ／ **¥269** ／ 両手なべ調理 お弁当に 冷凍しても ✳

さばのみそ煮

材料（保存容器大1個分）

さば（3枚におろしたもの）……1尾（約300g）
しょうが……2かけ
A［酒、水各100ml　みりん、みそ各大さじ3　砂糖大さじ½］

作り方

1. さばは骨を抜いて食べやすい大きさに切り、皮目に1本切り込みを入れる。しょうがはせん切りにする。
2. なべにさばを重ならないように入れ、その上にしょうがをのせ、Aを加えて落としブタをし、火にかける。煮立ったら火を弱め、ときどき煮汁をかけながら15分程度煮る。

MEMO

さばはおろしたものを
さばは3枚おろしか2枚おろしを使います。食べる時に骨が気にならなければ、骨を抜かずに煮て大丈夫です。

大きめのなべで煮る
さばを並べても重ならないくらいの大きさのなべがよいです。私は直径22cmの両手なべを使用しています。

煮る時のコツ
落としブタは煮汁にぴったりそわせるとさばが反るのを軽減できます。15分程度煮ても煮汁が多ければ、落としブタを取り、煮汁をさばにかけながら水分を飛ばします。

きつねうどんの上にのせるような、濃いめに甘辛く煮たお揚げさん。調味料2つで簡単です。冷凍保存なら3週間ほど味落ちせずに日持ちします。

白菜¼株を、少量の水を加えてコトコト煮るだけで、うまみたっぷりの煮物ができます。

調理時間 30分　保存 冷蔵3日　¥82

調理時間 30分　保存 冷蔵3日　¥182

片手なべ調理　冷凍しても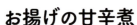

両手なべ調理

お揚げの甘辛煮

材料（保存容器中1個分）

油揚げ4枚　A［水200ml　砂糖大さじ2.5　しょうゆ大さじ2］

作り方

❶油揚げは熱湯で2分程度ゆでて油抜きをし、ざるにあげる。　❷1の水けを軽くきって適当な大きさに切り、なべに入れる。Aを加えて火にかける。煮立ったら落としブタをして弱火にし、20分程度煮る。

MEMO　［油揚げ］油揚げは、できれば肉厚のものを使うとおいしいです。　［保存する前に冷ます］煮終わったら、なべごとそのまま冷まして味をしみ込ませます。冷凍保存する場合は、1枚ずつラップに包み、ジッパー付きポリ袋に入れて保存します。こうすることで冷凍庫内の水分が直接つかず、味落ちしにくくなります。

白菜とツナのうま煮

材料（保存容器大1個分）

白菜¼株　ツナ缶（オイル）1缶　酒50ml　水200ml　A［しょうゆ大さじ1.5　みりん大さじ1］　片栗粉小さじ2

作り方

❶白菜は根元を切り落としてざく切りにする。　❷なべに白菜の分厚い方を下にして入れ、水と酒とツナ缶をオイルごと加える。フタをして中火にかけ、煮立ったら火を弱めて15分程度煮る。　❸Aを加えて軽く煮込み、片栗粉を同量の水で溶いたものを加えてとろみをつける。

MEMO　［白菜の厚みによって切り方を変える］白菜は根元に近い方が分厚いので、ざく切りにする時は火が通りやすいよう、分厚い部分は小さめに切ります。　［なべ底を焦がさないように］フタをしてじっくりと煮ることで白菜の水分を出しますが、火が強すぎる場合は焦げつくこともあるので、途中で様子を見ながら、なべ底から白菜を動かすようにします。

ついついごはんが進みまくるおかず。濃いめの甘辛い味つけがおいしいです。煮汁はしっかりと飛ばします。

もやしとツナ缶を使った安くてボリュームのあるサブおかず。あえるだけで失敗なしの味つけです。

調理時間 **30** 分 ／ 保存 冷蔵 **5** 日 ／ ¥170

片手なべ調理 　お弁当に

たらことこんぶのつくだ煮

材料（保存容器小1個分）

たらこ（甘塩）1腹　切りこんぶ約10g　しょうが2かけ　A［砂糖、みりん各大さじ3　しょうゆ大さじ1.5　水100ml］

作り方

❶たらこは4等分のぶつ切りにする。切りこんぶは水で戻す。しょうがはせん切りにする。
❷なべに1とAを入れ火にかけ、煮立ったら弱火にし、落としブタをして30分程度煮込む。

MEMO ［水分はぎりぎりまで飛ばす］調味液がほとんどなくなるまで煮てください。甘辛い味つけなので、火にかけすぎるとなべが焦げついてしまうので、様子を見ながら煮ます。

調理時間 **10** 分 ／ 保存 冷蔵 **3** 日 ／ ¥126

片手なべ調理　お弁当に

もやしとツナのさっぱり酢あえ

材料（保存容器中1個分）

もやし1袋　ツナ缶（オイル）1缶　A［調味酢大さじ2　砂糖大さじ1　しょうゆ、ごま油各大さじ½］　小ねぎ好みで
※調味酢についてはp.11参照

作り方

❶なべに湯を沸かし、もやしを入れる。フタをして中火で6分ゆで、ざるにあげる。　❷ボウルにツナ缶をオイルごと入れてAと混ぜ合わせ、1の水けをきってあえる。好みで小ねぎを散らす。

MEMO ［もやしのくさみを取る］もやしはフタをして6分程度ゆでると、独特のくさみが消えます。［ツナ缶の種類］ツナ缶はオイルタイプを使っています。オイルにはうまみがあるので、そのまま使用します。水煮タイプの場合は水けをきってからあえます。お好みに応じてごま油を追加してくださいね。

サブ

箸休めやお弁当の彩りにも使えるおかず。調味液が少なめなので、食べるときは容器の下から取り分けます。

調理時間 10 分　保存 冷蔵7日　¥270

片手なべ調理　お弁当に

甘酢れんこん

材料（保存容器中1個分）

れんこん小2節　A［調味酢大さじ2　砂糖大さじ1　赤唐辛子（小口切り）少々］
※調味酢についてはp.11参照

作り方

❶れんこんは皮をむいて4〜5mm厚さに切り、酢水にさらして水けをきる。なべで3〜4分ゆでてざるにあげ、粗熱を取る。　❷ボウルにAを混ぜ合わせ、1をあえる。

MEMO　［れんこんの大きさ］れんこんは直径が大きければ半月切りやいちょう切りにします。見た目がかわいくなるので、私は小さめのものを使用しています。　［調味液の量］調味液は少なめにしているので、保存容器に入れる前に全体をよく混ぜ合わせるといいです。

しょうがをきかせた甘辛味がしめじによくしみ込んでいます。クセのない味つけと食感がおいしい常備菜です。フライパンでも作れます。

調理時間 15 分　保存 冷蔵5日　¥111

片手なべor
フライパン調理　お弁当に

しめじしぐれ

材料（保存容器中1個分）

しめじ1パック　しょうが1かけ　A［酒、砂糖各大さじ1　しょうゆ大さじ½　水30ml］

作り方

❶しめじは石づきを取ってほぐす。しょうがはせん切りにする。　❷なべまたはフライパンに1とAを入れてフタをし、弱火で10分程度、煮汁がほぼなくなるまで煮る。

MEMO　［きのこはしめじ以外でも］きのこはしめじ以外でも大丈夫です。レシピの分量だと容量500mlの保存容器で半分弱くらいの量なので、きのこがお好きなら2〜3種類使って調理してもいいです。その場合、調味料の分量や煮る時間は、きのこの量に合わせて調整してくださいね。　［水分を飛ばしながら煮る］水の量が少なく感じるかもしれませんが、しめじから水分が出るので大丈夫です。水分が出てきたらフタは途中で少しずらすか取って、水分をほどよく飛ばしながら煮ます。

2つの根菜を使った煮物のレシピ。鶏肉のうまみと甘辛味で箸が進みます。冷めてから味がしみ込むので、半日〜1日たったあとが食べごろです。

調理時間 30分　保存 冷蔵5日　¥264

片手なべ調理　お弁当に

さつまいもと
ごぼうの甘辛煮物

材料（保存容器大1個分）

さつまいも1本　ごぼう1本　鶏もも肉約80g　A［みりん大さじ2　砂糖、しょうゆ各大さじ1.5　水200ml］　小ねぎ好みで

作り方

❶さつまいもはよく洗い、4〜5cm長さ、1〜2cm幅に切り、水にさらす。ごぼうは皮をこそげて4〜5cm長さ、1cm幅程度に切り、水にさらす。それぞれ水けをきる。　❷鶏肉は余分な脂を取り除き、1〜2cm角に切る。❸なべにごぼう→さつまいも→鶏肉の順に入れ、Aを加えて落としブタをし、煮立ったら弱火で15分煮る。落としブタを取り、煮汁がほどよくなくなるくらいまで煮る。好みで小ねぎを散らす。

MEMO　［野菜の下ごしらえ］さつまいもは皮つきのまま使うと彩りがいいのでむかずに使っていますが、好みに合わせてむいてください。私はしっかりした食感が好きなので大きめに切っていますが、お弁当のサイズに合わせるなど、お好みの大きさに切ってくださいね。　［煮る時のコツ］食材は火が通りにくい順番でなべに入れたら、さつまいもが煮崩れないよう、火が通るまではなるべく混ぜないようにします。

さつまいもの甘みとマスタードの酸味がおいしい副菜です。仕上げのパセリはお好みでどうぞ。

調理時間 15分　保存 冷蔵5日　¥235

片手なべ調理　お弁当に

さつまいもと豆の
マスタードサラダ

材料（保存容器中1個分）

さつまいも（大）1本　ミックスビーンズ1袋（125g）　A［調味酢大さじ1　粒マスタード、砂糖各小さじ2　しょうゆ小さじ1.5］
※調味酢についてはp.11参照

作り方

❶さつまいもは1〜2cm角に切ってなべに入れ、水をたっぷり入れる。フタをして火にかけ、煮立ったら弱火にして10分程度ゆでる。❷ボウルにAをよく混ぜ合わせ、水けをきった1とミックスビーンズを加えてあえる。

MEMO　［さつまいもはゆでるとおいしい］さつまいもは電子レンジで加熱すると水分が飛びすぎてしまうことが多かったので、たっぷりのお湯でゆでています。

サブ

じゃこをしっかり揚げ焼きにするとアンチョビーに似た風味と食感が出ておいしくなります。

季節を問わず手に入りやすい食材を使った簡単な炒め物です。

| 調理時間 15 分 | 保存 冷蔵5日 | ¥156 |

電子レンジ＆フライパン調理　お弁当に

カリカリじゃことじゃがいものペペロンチーノ

材料（保存容器中1個分）

ちりめんじゃこ2つかみ　じゃがいも大1個　にんにく1かけ　赤唐辛子（小口切り）少々　オリーブオイル大さじ2　塩少々　パセリ好みで

作り方

❶じゃがいもは皮をむいて角切りにし、耐熱容器に入れてふわりとラップをかけ電子レンジで5分程度加熱してやわらかくする。にんにくはみじん切りにする。　❷フライパンにオリーブオイルを中火で熱し、じゃこを入れて色が茶色く変わるまで炒める。にんにくと赤唐辛子を加えて炒め合わせ、香りが出たらじゃがいもを加え、塩で味を調える。好みでパセリを散らす。

MEMO　[フライパンの温度に気をつける] じゃこを炒める時は、フライパンの温度が上がりすぎないように気をつけます。初めは中火で熱し、途中から弱火にしてじっくり炒めます。[じゃがいもを炒める前に] じゃがいもをレンジ加熱すると水分が出るので、油はね防止のためできる限り水をきってからフライパンに加えます。

| 調理時間 10 分 | 保存 冷蔵5日 | ¥164 |

フライパン調理　お弁当に

ツナコーン玉ねぎの炒め物

材料（保存容器中1個分）

ツナ缶（オイル）1缶　コーン（冷凍）約150g　玉ねぎ大½個　みりん、しょうゆ各大さじ1　サラダ油適量　塩少々

作り方

❶玉ねぎはみじん切りにする。　❷フライパンに油を熱し、1を透き通るくらいまで炒める。コーンとツナをオイルごと加え、炒め合わせる。　❸みりんとしょうゆを加えて炒め合わせ、味を見て塩で調味する。

MEMO　[ツナ缶の種類] ツナはオイルタイプであればオイルごと、水煮の場合は缶汁を少しきってから使うといいと思います。[玉ねぎは大きさによって調整] 今回は大きいものを使っています。小さめであれば1個使うなど、調整してください。

ツナ、にら、ごま油が好相性な副菜。ふわりとした卵がよく合います。

白だしと酢を使った、さっぱりとした味つけにしょうがの風味がきいておいしいです。

調理時間 10分 | 保存 冷蔵4日 | ¥161

フライパン調理 | お弁当に

ツナにら卵

材料(保存容器中1個分)

ツナ缶(オイル)1缶　にら1束　卵2個　A[みりん小さじ2　しょうゆ大さじ½]　ごま油少々　サラダ油、いり白ごま各適量

作り方

❶にらは5~6mm長さに切る。卵は溶きほぐす。　❷フライパンに油を熱し、卵をそぼろ状に炒める。にら→ツナをオイルごと順に入れて、炒め合わせる。　❸Aを加えて炒め合わせ、ごま油を回しかけていりごまを振る。

MEMO [ツナのオイルについて] ツナ缶のオイルの量はお好みに合わせて切るなどして調整してください。ノンオイルの場合は缶汁を切り、お好みによってごま油の量を調整してください。

調理時間 20分 | 保存 冷蔵5日 | ¥166

フライパン調理 | お弁当に | 冷凍しても

しょうがきんぴら

材料(保存容器中1個分)

ごぼう(細いもの)1本　にんじん½本　しょうが2かけ　A[みりん大さじ2　白だし大さじ1　穀物酢大さじ½]　サラダ油、いり白ごま各適量

作り方

❶ごぼう、にんじん、しょうがは細切りにし、ごぼうは水にさらす。　❷フライパンに油を熱し、しょうがを炒める。香りが出たら、にんじんと水けをきったごぼうを炒める。　❸Aを加えて水分が飛ぶまで炒め合わせ、いりごまを加える。

MEMO [しょうがの切り方] しょうがは風味と食感を残すため、ごぼうと同じくらいの細さで切ります。

包む工程で少し手間がかかりますが、手間がかかった分、おいしいおかずです。

簡単にできる、もちもち食感のチヂミ風おかずです。桜えびが香ばしくておいしいです。

調理時間 **30** 分　保存 冷蔵 **5** 日　**¥294**

フライパン調理　お弁当に

にられんこんまんじゅう

材料（保存容器大1個分）

にら½束　れんこん1節　ギョウザの皮15枚　片栗粉大さじ1.5〜2　A［砂糖、しょうゆ各大さじ1.5　調味酢大さじ2　豆板醤少々］　サラダ油適量
※調味酢についてはp.11参照

作り方

❶にらはみじん切りにし、れんこんはすりおろしてボウルに入れ、片栗粉を加えて混ぜ合わせる。　❷1を15等分してギョウザの皮の真ん中におき、中心にヒダを寄せるようにして包む。　❸フライパンに油をひいて2を並べ、水を少量（⅓が浸るくらい）加えてフタをし、中火で3分程度蒸し焼きにする。裏返して1分程度焼き、Aを加えて煮からめる。

MEMO　［片栗粉の量は野菜の水分に合わせて調整］使用する野菜の水分量に応じて量を調整してください。皮で包みやすい固さになるくらいが目安です。

調理時間 **15** 分　保存 冷蔵 **4** 日　**¥192**

フライパン調理　お弁当に

桜えびとねぎの
チヂミ風

材料（保存容器大1個分）

桜えび（乾燥）20g　ねぎ（細いもの）1本
A［いり白ごま大さじ1　しょうゆ小さじ1.5　小麦粉大さじ3　片栗粉大さじ2　水100ml］
B［調味酢小さじ2　コチュジャン小さじ⅓　しょうゆ少々　いり白ごま適量］　サラダ油適量　ごま油少々
※調味酢についてはp.11参照

作り方

❶ねぎはみじん切りにしてボウルに入れ、桜えび、Aを加えて混ぜ合わせる。　❷フライパンに油を熱し、1を薄く広げて焼く。片面がきつね色になったら裏返してもう片面も焼く。　❸生地のフチに沿ってごま油をまわし入れる。適当な大きさに切り、Bを混ぜ合わせたたれにつけて食べる。

MEMO　［ねぎは白い部分だけでも］私は青い葉の部分も使っていますが、白い部分のみでも大丈夫です。お好みでどうぞ。
［たれは好みのものを］Bの調味料の分量はお好みで変更してくださいね。また、ポン酢しょうゆなどで食べてもおいしいと思います。

ちくわの磯辺揚げにチーズを入れた簡単なおかずです。冷めてもおいしいので、お弁当にも入れやすいです。

調理時間 **10**分　保存 冷蔵**5**日　**¥190**

フライパン調理　お弁当に

チーズちくわ磯辺揚げ

材料（保存容器中1個分）

ちくわ5本　プロセスチーズ（個包装）4個（72g）　A［片栗粉、水各大さじ2　あおさのり大さじ1］　サラダ油適量

作り方

❶ちくわは斜めに2等分にし、穴に棒状に切ったチーズを詰める。　❷ボウルにAを混ぜ合わせ、1をくぐらせて衣をつける。　❸フライパンに多めの油を熱し、2の両面を揚げ焼きにする。

MEMO　［ちくわの大きさで量を調整］ちくわは少し大きめのものを使用しているので、ちくわの大きさによってそれぞれ量を調整してください。　［衣の重ねつけ］残った衣は、ちくわをフライパンに入れたあと、ちくわの上にかけるようにして流し入れ、一緒に揚げ焼きにしてもよいです。

焼きピーマンに白だしベースの調味液がしみ込んだ、簡単な作り置きレシピ。冷めてからがおいしいので、お弁当に入れやすいです。

調理時間 **10**分　保存 冷蔵**5**日　**¥167**

フライパン調理　お弁当に

ピーマンの焼きびたし

材料（保存容器中1個分）

ピーマン大6個　A［白だし大さじ1　しょうゆ小さじ1　しょうが（チューブ）4cm　かつお節（小分けタイプ）1パック］　サラダ油適量

作り方

❶ピーマンは縦半分に切って種を取り、1cm幅程度の細切りにする。　❷フライパンに多めの油を熱し、1の皮を下にして強めの中火で焼く。焦げ目がついたら裏返してもう片面も焼く。　❸ボウルにAを混ぜ合わせ、2を熱いうちにからめる。

MEMO　［ピーマンについて］肉厚で大きめのピーマンだと、食べごたえもありジューシーでおいしいです。焼く時は少し強めの中火で、動かさずに焼きます。焦がしすぎないように様子を見ながら調理します。　［翌日以降が食べごろ］冷めていく過程で味がピーマンにしみ込むので、作った翌日からが食べごろです。

ハーブとにんにくの香りがほんのりついたマリネ。調理はレンジ加熱してあえるだけの簡単常備菜です。ちょっとしたおもてなしにも使えそうな一品です。

冷や奴やそうめん、唐揚げにかけて使える万能しょうゆ漬けです。手軽に野菜をとれるのもうれしい。信州の郷土料理「やたら」を参考にしました。

調理時間 10分　保存 冷蔵5日　¥233

電子レンジ調理　お弁当に

調理時間 10分　保存 冷蔵4日　¥195

電子レンジ調理

パプリカの
ガーリックマリネ

材料（保存容器中1個分）

パプリカ（赤・黄）各1個　にんにく½かけ
A［調味酢大さじ2　グレープシードオイル大さじ1　塩少々　ローズマリー好みで］
※調味酢についてはp.11参照

作り方

❶パプリカは細切りにし、耐熱容器に入れてふわりとラップをかけ、電子レンジで3分程度加熱する。　❷にんにくはボウルにすりおろし、Aとよく混ぜ合わせる。1の水けをきって加え、あえる。

MEMO ［にんにくのすりおろしを手軽に］にんにくはガーリックプレスですりおろし状にし、直接ボウルに入れてほかの調味料と混ぜ合わせます。［パプリカの水けをきる］レンジ加熱したパプリカの水けが出ている場合は、軽くきってから調味液と混ぜ合わせます。［油はお好みのもので］私はくせのないグレープシードオイルを使用しています。お好みでオリーブオイルを使用してもよいです。

夏野菜のしょうゆ漬け

材料（保存容器小1個分）

きゅうり1本　なす1本　みょうが3個
A［みりん大さじ2　しょうゆ大さじ1.5　調味酢大さじ1］
※調味酢についてはp.11参照

作り方

❶野菜はすべてみじん切りにする。　❷Aのみりんは耐熱容器に入れてふわりとラップをかけ、電子レンジで1分程度加熱する。　❸1、2、残りのAを混ぜ合わせる。冷蔵庫に入れ、1時間ほど漬けこむ。

MEMO ［みじん切りに便利なマルチチョッパー］みじん切りはできるだけ細かくします。マルチチョッパーを使うと、細かいみじん切りがすぐにできて便利です。みょうがは繊維がひっかかりやすいので小さめに切ってから入れています。

お湯を注ぐだけの即席スープレシピ。しょうゆを使うことで、味に奥行きが加わります。好みの量のお湯で味を調整してください。

調理時間 **15** 分　保存 冷蔵**5**日　¥120

電子レンジ調理　お弁当に

コンソメスープの素

材料(4食分)

玉ねぎ½個　にんじん½本　ピーマン2個　A [顆粒コンソメ大さじ1.5　しょうゆ小さじ1.5　粗びき黒こしょう少々]

作り方

❶玉ねぎは薄切りに、にんじんとピーマンはみじん切りにする。　❷玉ねぎを耐熱容器に入れてふわりとラップをかけ、電子レンジで6分加熱してAをからませる。　❸にんじんを別の耐熱容器に入れてふわりとラップをかけ、電子レンジで4分加熱する。同様にピーマンは2分加熱する。　❹2に3を混ぜ合わせる。

MEMO [野菜の加熱時間] 加熱時間はお使いの電子レンジの出力や、切った大きさに合わせて調整してください。玉ねぎ、にんじんは食べてみてやわらかくなっていれば大丈夫です。ピーマンは食感を残す程度に加熱します。　[熱いうちにからませる] 加熱した玉ねぎから出る水分は捨てず、熱いうちにコンソメをからませて溶かします。にんじん、ピーマンから出た水分にもうまみがあるので一緒に混ぜ合わせます。　[お弁当に使う場合] スープジャーに入れていってもいいですし、職場や学校にお湯があれば、一食分をラップに包んで持っていくのもいいと思います。

きゅうり3本で作る、おつまみにも使える簡単サブおかず。粗びき黒こしょうの量はお好みで調整してください。

調理時間 **10** 分　保存 冷蔵**3**日　¥167

火を使わない調理

ペッパーきゅうり

材料(保存容器大1個分)

きゅうり3本　塩3つまみ　A [中華スープのもと小さじ1　レモン汁小さじ½　粗びき黒こしょう適量]　糸唐辛子好みで

作り方

❶きゅうりはまな板の上に並べ、塩を振って転がす。1本ずつペーパータオルで包んで10分〜一晩おく。　❷1の水けをしっかりきり、ポリ袋に入れてたたく。ひびが入ったところから裂き、適当な大きさにちぎる。　❸Aの中華スープのもとは少量の湯で溶き、残りのAと合わせる。2を加えて混ぜ合わせる。好みで糸唐辛子を散らす。

MEMO [きゅうりの水けはしっかりきる] 時間がない場合や、すぐに食べきる場合は10分程度おけば大丈夫です。作り置きにする場合は、ペーパータオルに包んで一晩冷蔵庫においたものを使うのがおすすめです。水分が出にくくなるので日がたっても味がぼやけず、食感がよいまま保存できます。

きゅうりとごまの食感がおいしい、火を使わない簡単なあえ物です。

調理時間 10 分 | 保存 冷蔵3日 | ¥190

 火を使わない調理

金ごまきゅうり

材料（保存容器大1個分）

きゅうり3本　塩3つまみ　A［いり金ごま大さじ1　しょうゆ小さじ2　ごま油大さじ½　うまみ調味料小さじ1　にんにく（チューブ）3cm］

作り方

❶きゅうりはまな板の上に並べ、塩を振って転がす。1本ずつペーパータオルで包んで10分〜一晩おく。　❷1の水けをしっかりきり、長さ3等分、縦半分に切る。　❸ボウルにAを混ぜ合わせ、2を加えてあえる。

MEMO　［ごまの種類］いりごまは金ごまを使っています。香りがいいので、このレシピのようにごまの風味をいかしたいときに使えます。手に入らない場合は白ごまでも代用できます。

しそ漬けの梅干しと、おかかのうまみが長いもに相性よくからんだ、さっぱり味の和風おかずです。切ってあえるだけ、おつまみにも使える簡単レシピ。

調理時間 10 分 | 保存 冷蔵4日 | ¥249

 火を使わない調理

長いもの梅おかかあえ

材料（保存容器中1個分）

長いも300g　梅干し3個　A［穀物酢大さじ3　砂糖大さじ1.5　かつお節（小分けタイプ）1パック］

作り方

❶長いもは皮をむいて1cm角程度に切り、水でさっと洗ってざるに上げ、ぬめりを取る。　❷梅干しは種を取って包丁でたたき、ペースト状にする。　❸ボウルに1、2、Aをよく混ぜ合わせる。

MEMO　［梅干しの種類］梅干しは、しそ漬けの塩分濃度10%の大粒を使っています。3粒で正味30gぐらい。梅干しの大きさや塩分濃度によって塩けが変わるので味を見ながら調整してください。　［梅肉のたたき方］まな板にラップを広げた上で梅干しの種を取り、包丁の背中でラップが破けないよう優しくたたきます。スプーンでも大丈夫です。または梅干しをラップでくるんで、もみもみしても。どちらもまな板を汚さずにできます。　［長いもさっとぬめりを取る］長いもはそのままだとぬめりが出すぎてしまうので、食感をよくするためにさっと洗っています。お好みで取らなくても大丈夫です。

切って漬けるだけの簡単野菜おかず。酢漬けなので日持ちが長めで、彩りもよいのでお弁当のおかずにおすすめ。写真は漬け始めのものです。

調理時間 5分　保存 冷蔵7日　¥210

火を使わない調理　お弁当に

ラディッシュの甘酢漬け

材料（保存容器小1個分）

ラディッシュ5個　A［調味酢大さじ1.5　砂糖小さじ1　ローズマリー適量］
※調味酢についてはp.11参照

作り方

❶ラディッシュは縦4等分に切る。❷保存容器にAを合わせ、1を加えて混ぜ合わせる。漬けて1～2日たってからが食べごろ。

MEMO ［ローズマリーはお好みで］ローズマリーはお好みでかまいませんが、酢に移ったハーブの香りがラディッシュとよく合うので、入れることをおすすめします。スーパーのスパイスコーナーなどに置いてあります。　［色の変化も楽しめる］漬けてから日がたつと、全体がピンク色に染まってきます。味だけでなく見た目も楽しめる作り置きおかずです。

セロリにこんぶのうまみがしみた、お漬物感覚の副菜です。箸休めにちょうどいいおかず。

調理時間 5分　保存 冷蔵7日　¥155

火を使わない調理　お弁当に

セロリの和風漬け

材料（保存容器中1個分）

セロリ（茎）1本　こんぶ2～3g　A［調味酢大さじ2.5　しょうゆ小さじ1　塩ひとつまみ］　赤唐辛子好みで
※調味酢についてはp.11参照

作り方

❶セロリは筋を取り、斜め薄切りにする。❷ポリ袋に1と残りの材料、好みで赤唐辛子の小口切りを入れ、もみ込む。冷蔵庫に1晩以上おく。

MEMO ［こんぶは調味液に漬ける］保存容器に入れて冷蔵保存する場合、こんぶは調味液に浸るように入れます。食べるときは下から混ぜ合わせます。

材料別さくいん

肉類

鶏むね肉
鶏肉はちみつしょうが焼き……28
ほぐし蒸し鶏…………………94
棒棒鶏…………………………95
ほぐし蒸し鶏と野沢菜のだし茶漬け……………………………96
ほぐし蒸し鶏のポテトガレット
………………………………97
酢鶏……………………………107
チキンソテー トマトソース…108

鶏もも肉
れんこんと油揚げの煮物………25
煮鶏……………………………41
チキンのコーンクリーム煮……65
筑前煮…………………………72
ねぎだれ唐揚げ………………109
さつまいもとごぼうの甘辛煮物
………………………………131

鶏ひき肉
小松菜そぼろ…………………47
ズッキーニと卵の炒め物………67
ゆで鶏だんご…………………98
和風鶏だんごスープ……………99
鶏だんごもやしそば…………100
エスニック風鶏だんご春雨スープ
………………………………101
鶏ひき肉と豆腐の和風ヘルシーハンバーグ……………………113
コーンと玉ねぎの鶏シュウマイ
………………………………114

鶏ささ身
小松菜とにんじん、ささ身のあえ物……………………………85
鶏ささ身のゆずこしょうみそ炒め…………………………111
鶏ささ身南蛮…………………112

鶏手羽先
ソース手羽先グリル……………49

鶏手羽元
ハニーマスタードチキングリル
………………………………83

手羽元と卵の煮込み…………110

豚肩ロース薄切り肉
豚肉とさつまいもの甘辛炒め…21
豚肉と大根の炒め煮……………71
豚肉とキャベツのにんにくバター炒め……………………………118
豚肉の和風わさび漬け焼き…119

豚ロース薄切り肉
いんげんとしその豚巻き………40
豚肉の塩だれ……………………80
豚肉のしょうが焼き…………116
豚しゃぶきゅうり……………117

豚バラ薄切り肉
カレー肉じゃが…………………84

豚ひき肉
ヘルシーハンバーグ……………20
きのこの和風煮込みハンバーグ
………………………………48
たっぷり野菜のドライカレー…51
チリコンカン……………………64
チーズインハンバーグ…………70
ミートポテト…………………115
トマみそ煮込みハンバーグ…121
スコップチーズトマトハンバーグ
………………………………122
ふわふわミートボールのBBQソース風…………………………123

スペアリブ
スペアリブのオーブン焼き…120

牛こま切れ肉
韓国風焼き肉……………………82
牛ごぼう………………………124

魚介類

小あじ
あじとししとうの甘辛揚げ焼き
………………………………125

鮭
鮭とポテトのグラタン…………29
ほぐし鮭………………………102
ほぐし鮭の卵焼き……………103
ほぐし鮭の玉ねぎチーズ焼き…103
ほぐし鮭とブロッコリーのポテトサラダ………………………103

さば
さばのみそ煮…………………127

たら
たらの香味野菜あんかけ……126

ちりめんじゃこ
カリカリじゃことじゃがいものペペロンチーノ…………………132

ぶり
ぶりの照り焼き…………………81

野菜類

青じそ
いんげんとしその豚巻き………40
ほぐし鮭の卵焼き……………103
たらの香味野菜あんかけ……126

オクラ
オクラのごまあえ………………68

かぼちゃ
ブロッコリーとかぼちゃの粒マスタード炒め……………………24
かぼちゃの塩バターあえ………45

絹さや
筑前煮…………………………72
ひじきとツナの煮物……………91

キャベツ
漬けておくだけサラダ…………42
和風鶏だんごスープ……………99
塩キャベツ……………………104
塩キャベツとツナ、トマトのサラダ……………………………105
塩キャベツの塩こんぶあえ…105
塩キャベツ焼き………………105
豚肉とキャベツのにんにくバター炒め……………………………118

きゅうり
きゅうりのしょうゆ漬け………44
中華春雨…………………………86
棒棒鶏…………………………95
豚しゃぶきゅうり……………117
夏野菜のしょうゆ漬け………136
ペッパーきゅうり……………137
金ごまきゅうり………………138

小ねぎ
ねぎだれ唐揚げ………………109

小松菜
小松菜と高野豆腐の含め煮……32
小松菜そぼろ…………………47
小松菜とにんじん、ささ身のあえ物……………………………85

ごぼう
ごぼうとにんじんのマヨサラダ…66
筑前煮…………………………72

牛ごぼう ……………………… 124
さつまいもとごぼうの甘辛煮物
　………………………………… 131
しょうがきんぴら ……………… 133

コーン・スイートコーン
漬けておくだけサラダ ………… 42
コーンと玉ねぎの鶏シュウマイ
　………………………………… 114
ツナコーン玉ねぎの炒め物 …… 132

さつまいも
豚肉とさつまいもの甘辛炒め
　…………………………………… 21
さつまいもとクリームチーズのデ
　ザートサラダ ………………… 52
さつまいもとごぼうの甘辛煮物
　………………………………… 131
さつまいもと豆のマスタードサラ
　ダ ……………………………… 131

さやいんげん
いんげんとしその豚巻き ……… 40

ししとう
あじとししとうの甘辛揚げ焼き
　………………………………… 125

じゃがいも・新じゃがいも
鮭とポテトのグラタン ………… 29
新じゃがいものオイマヨコロコロ
　…………………………………… 46
チキンのコーンクリーム煮 …… 65
カレー肉じゃが ………………… 84
ほぐし蒸し鶏のポテトガレット
　…………………………………… 97
ほぐし鮭とブロッコリーのポテト
　サラダ ………………………… 103
ミートポテト …………………… 115
カリカリじゃことじゃがいものペ
　ペロンチーノ ………………… 132

ズッキーニ
たっぷり野菜のドライカレー … 51
ズッキーニと卵の炒め物 ……… 67

セロリ
セロリの和風漬け ……………… 139

大根
豚肉と大根の炒め煮 …………… 71

玉ねぎ
マカロニサラダ ………………… 22
鶏肉はちみつしょうが焼き …… 28
鮭とポテトのグラタン ………… 29
カニクリームスコップコロッケ
　…………………………………… 30
きのこの和風煮込みハンバーグ
　…………………………………… 48
たっぷり野菜のドライカレー
　…………………………………… 51
チリコンカン …………………… 64
チキンのコーンクリーム煮 …… 65
チーズインハンバーグ ………… 70
カレー肉じゃが ………………… 84
ほぐし鮭の玉ねぎチーズ焼き
　………………………………… 103
酢鶏 …………………………… 107
鶏ささ身南蛮 ………………… 112
コーンと玉ねぎの鶏シュウマイ
　………………………………… 114
ミートポテト ………………… 115
トマみそ煮込みハンバーグ … 121
スコップチーズトマトハンバーグ
　………………………………… 122
ふわふわミートボールのBBQソ
　ース風 ………………………… 123
たらの香味野菜あんかけ …… 126
ツナコーン玉ねぎの炒め物 … 132
コンソメスープの素 ………… 137

トマト
たっぷり野菜のドライカレー … 51
棒棒鶏 ………………………… 95
塩キャベツとツナ、トマトのサラ
　ダ ……………………………… 105
チキンソテー トマトソース … 108
スコップチーズトマトハンバーグ
　………………………………… 122

長いも
長いもの梅おかかあえ ……… 138

なす
なすのしょうが煮 ……………… 26
なすとパプリカの甘酢炒め …… 73
なすの梅肉おかかあえ ………… 87
夏野菜のしょうゆ漬け ……… 136

にら
エスニック風鶏だんご春雨スープ
　………………………………… 101
ツナにら卵 …………………… 133
にられんこんまんじゅう …… 134

にんじん
マカロニサラダ ………………… 22
ほうれん草とひじきのポン酢しょ
　うゆあえ ……………………… 23
漬けておくだけサラダ ………… 42
にんじんとしょうがのマリネ … 50
たっぷり野菜のドライカレー … 51
ごぼうとにんじんのマヨサラダ 66
切り干し大根のナポリタン風 … 69
筑前煮 …………………………… 72
カレー肉じゃが ………………… 84
小松菜とにんじん、ささ身のあえ
　物 ……………………………… 85
中華春雨 ………………………… 86
ひじきとツナの煮物 …………… 91
和風鶏だんごスープ …………… 99
鶏だんごもやしそば ………… 100
エスニック風鶏だんご春雨スープ
　………………………………… 101
鶏ささ身南蛮 ………………… 112
しょうがきんぴら …………… 133

ねぎ
ゆで鶏だんご …………………… 98
鶏だんごもやしそば ………… 100
桜えびとねぎのチヂミ風 …… 134
コンソメスープの素 ………… 137

白菜
白菜とツナのうま煮 ………… 128

パプリカ（赤・黄）
なすとパプリカの甘酢炒め …… 73
酢鶏 …………………………… 107
鶏ささ身南蛮 ………………… 112
パプリカのガーリックマリネ
　………………………………… 136

ピーマン
たっぷり野菜のドライカレー … 51
切り干し大根のナポリタン風 … 69
酢鶏 …………………………… 107
鶏ささ身南蛮 ………………… 112
ピーマンの焼きびたし ……… 135
コンソメスープの素 ………… 137

ブロッコリー
ブロッコリーとかぼちゃの粒マス
　タード炒め …………………… 24
ほぐし鮭とブロッコリーのポテト
　サラダ ………………………… 103

ほうれん草
ほうれん草とひじきのポン酢しょ
　うゆあえ ……………………… 23
ほうれん草とベーコンのバター炒
　め ……………………………… 90

ミニトマト
ミニトマトのマリネ ……………… 27
みょうが
夏野菜のしょうゆ漬け ……… 136
もやし
もやしとベーコンのポン酢あえ
……………………………………… 43
鶏だんごもやしそば ………… 100
エスニック風鶏だんご春雨スープ
……………………………………… 101
もやしとツナのさっぱり酢あえ
……………………………………… 129
ラディッシュ
ラディッシュの甘酢漬け …… 139
れんこん
れんこんと油揚げの煮物 ……… 25
筑前煮 ………………………………… 72
れんこんの塩こんぶあえ ……… 89
甘酢れんこん ………………… 130
にられんこんまんじゅう ……… 134

きのこ類

しめじ
きのこの和風煮込みハンバーグ
……………………………………… 48
しめじしぐれ ………………… 130

卵・大豆製品

卵
マカロニサラダ …………………… 22
ズッキーニと卵の炒め物 ……… 67
酢じょうゆ煮卵 ………………… 88
ほぐし鮭の卵焼き …………… 103
塩キャベツ焼き ……………… 105
手羽元と卵の煮込み ………… 110
ツナにら卵 …………………… 133
油揚げ
れんこんと油揚げの煮物 ……… 25
お揚げの甘辛煮 ……………… 128
大豆水煮
ヘルシーハンバーグ ……………… 20
チリコンカン ……………………… 64
豆腐
鶏ひき肉と豆腐の和風ヘルシーハ
ンバーグ ……………………… 113

その他加工品・缶詰

板こんにゃく
筑前煮 ………………………………… 72
ウインナーソーセージ
ブロッコリーとかぼちゃの粒マス
タード炒め ……………………… 24
梅干し
なすの梅肉おかかあえ ………… 87
長いもの梅おかかあえ ……… 138
カニ缶
カニクリームスコップコロッケ
……………………………………… 30
からし明太子
切り干し大根明太子あえ ……… 31
コーンクリーム缶
チキンのコーンクリーム煮 …… 65
たらこ
たらことこんぶのつくだ煮 … 129
ちくわ
チーズちくわ磯辺揚げ ……… 135
ツナ缶
ひじきとツナの煮物 …………… 91
塩キャベツとツナ、トマトのサラ
ダ ……………………………… 105
白菜とツナのうま煮 ………… 128
もやしとツナのさっぱり酢あえ
……………………………………… 129
ツナコーン玉ねぎの炒め物 … 132
ツナにら卵 …………………… 133
トマト缶
チリコンカン ……………………… 64
野沢菜漬け
ほぐし蒸し鶏と野沢菜のだし茶漬
け ………………………………… 96
ハム
中華春雨 ………………………… 86
ベーコン
もやしとベーコンのポン酢あえ
……………………………………… 43
切り干し大根のナポリタン風 … 69
ほうれん草とベーコンのバター炒
め ………………………………… 90
ミックスビーンズ
さつまいもと豆のマスタードサラ
ダ ……………………………… 131

乾物

乾燥春雨
中華春雨 ………………………… 86
和風鶏だんごスープ …………… 99
エスニック風鶏だんご春雨スープ
……………………………………… 101
乾燥芽ひじき
ヘルシーハンバーグ ……………… 20
ほうれん草とひじきのポン酢しょ
うゆあえ ………………………… 23
ひじきとツナの煮物 …………… 91
切りこんぶ
たらことこんぶのつくだ煮 … 129
切り干し大根
切り干し大根明太子あえ ……… 31
切り干し大根のナポリタン風 … 69
高野豆腐
小松菜と高野豆腐の含め煮 …… 32
桜えび
桜えびとねぎのチヂミ風 …… 134
塩こんぶ
れんこんの塩こんぶあえ ……… 89
塩キャベツの塩こんぶあえ … 105

乳製品

牛乳
カニクリームスコップコロッケ
……………………………………… 30
クリームチーズ
さつまいもとクリームチーズのデ
ザートサラダ …………………… 52
ピザ用チーズ
鮭とポテトのグラタン ………… 29
ほぐし蒸し鶏のポテトガレット
……………………………………… 97
ほぐし鮭の玉ねぎチーズ焼き
……………………………………… 103
スコップチーズトマトハンバーグ
……………………………………… 122
プロセスチーズ
チーズインハンバーグ ………… 70
チーズちくわ磯辺揚げ ……… 135

主食

ご飯
ほぐし蒸し鶏と野沢菜のだし茶漬
け ………………………………… 96
中華麺
鶏だんごもやしそば ………… 100

その他

ギョウザの皮

にられんこんまんじゅう……… 134
シュウマイの皮
コーンと玉ねぎの鶏シュウマイ
……………………………………… 114
マカロニ
マカロニサラダ…………………… 22

調理時間別 さくいん

5分
ミニトマトのマリネ……………… 27
漬けておくだけサラダ…………… 42
ラディッシュの甘酢漬け……… 139
セロリの和風漬け……………… 139

10分
ほうれん草とひじきのポン酢しょうゆあえ ……………………… 23
ブロッコリーとかぼちゃの粒マスタード炒め ………………… 24
切り干し大根明太子あえ………… 31
もやしとベーコンのポン酢あえ
……………………………………… 43
小松菜そぼろ……………………… 47
にんじんとしょうがのマリネ…… 50
ズッキーニと卵の炒め物………… 67
オクラのごまあえ………………… 68
なすとパプリカの甘酢炒め……… 73
豚肉の塩だれ……………………… 80
ぶりの照り焼き…………………… 81
中華春雨…………………………… 86
れんこんの塩こんぶあえ………… 89
ほうれん草とベーコンのバター炒め ……………………………… 90
塩キャベツ……………………… 104
豚肉のしょうが焼き…………… 116
豚肉の和風わさび漬け焼き…… 119
もやしとツナのさっぱり酢あえ
……………………………………… 129
甘酢れんこん…………………… 130
ツナコーン玉ねぎの炒め物…… 132
ツナにら卵……………………… 133
チーズちくわ磯辺揚げ………… 135
ピーマンの焼きびたし………… 135
パプリカのガーリックマリネ… 136
夏野菜のしょうゆ漬け………… 136

ペッパーきゅうり……………… 137
金ごまきゅうり………………… 138
長いもの梅おかかあえ………… 138

15分
マカロニサラダ…………………… 22
きゅうりのしょうゆ漬け………… 44
新じゃがいものオイマヨコロコロ
……………………………………… 46
ごぼうとにんじんのマヨサラダ ‥66
切り干し大根のナポリタン風…… 69
韓国風焼き肉……………………… 82
小松菜とにんじん、ささ身のあえ物 …………………………… 85
なすの梅肉おかかあえ…………… 87
酢じょうゆ煮卵…………………… 88
チキンソテー トマトソース… 108
コーンと玉ねぎの鶏シュウマイ
……………………………………… 114
豚しゃぶきゅうり……………… 117
豚肉とキャベツのにんにくバター炒め ……………………… 118
あじとししとうの甘辛揚げ焼き
……………………………………… 125
しめじしぐれ…………………… 130
さつまいもと豆のマスタードサラダ ……………………………… 131
カリカリじゃことじゃがいものペペロンチーノ ………………… 132
桜えびとねぎのチヂミ風……… 134
コンソメスープの素…………… 137

20分
豚肉とさつまいもの甘辛炒め… 21
なすのしょうが煮………………… 26
鶏肉はちみつしょうが焼き…… 28
小松菜と高野豆腐の含め煮……… 32
いんげんとしその豚巻き………… 40
かぼちゃの塩バターあえ………… 45
チキンのコーンクリーム煮…… 65
チーズインハンバーグ…………… 70
ゆで鶏だんご……………………… 98
ほぐし鮭………………………… 102
酢鶏……………………………… 107
ねぎだれ唐揚げ………………… 109
鶏ささ身のゆずこしょうみそ炒め ………………………………… 111
鶏ささ身南蛮…………………… 112

ミートポテト…………………… 115
さばのみそ煮…………………… 127
しょうがきんぴら……………… 133

30分
ヘルシーハンバーグ……………… 20
れんこんと油揚げの煮物………… 25
鮭とポテトのグラタン…………… 29
カニクリームスコップコロッケ
……………………………………… 30
きのこの和風煮込みハンバーグ
……………………………………… 48
ソース手羽先グリル……………… 49
たっぷり野菜のドライカレー… 51
さつまいもとクリームチーズのデザートサラダ…………………… 52
豚肉と大根の炒め煮……………… 71
筑前煮……………………………… 72
ハニーマスタードチキングリル
……………………………………… 83
カレー肉じゃが…………………… 84
ひじきとツナの煮物……………… 91
鶏ひき肉と豆腐の和風ヘルシーハンバーグ ……………………… 113
スペアリブのオーブン焼き…… 120
トマみそ煮込みハンバーグ…… 121
スコップチーズトマトハンバーグ
……………………………………… 122
ふわふわミートボールのBBQソース風 ……………………………… 123
牛ごぼう………………………… 124
たらの香味野菜あんかけ……… 126
お揚げの甘辛煮………………… 128
白菜とツナのうま煮…………… 128
たらことこんぶのつくだ煮…… 129
さつまいもとごぼうの甘辛煮物
……………………………………… 131
にられんこんまんじゅう……… 134

40分
チリコンカン……………………… 64
手羽元と卵の煮込み…………… 110

70分
煮鶏………………………………… 41
ほぐし蒸し鶏……………………… 94

nozomi のぞみ

森望（もりのぞみ）。神奈川にて、夫と子供と3人暮らし。SEとしてフルタイムで勤務する中で、週末に1週間分のおかずをまとめて作り置きするライフスタイルを開始。そのレシピを記録したレシピサイト『つくおき』が、自身と同様の共働き家庭を中心に大きな支持を集める。現在は雑誌などにも活躍の幅を広げている。

つくおき https://cookien.com

スタッフ

調理・スタイリング	nozomi
撮影	nozomi、akyhim
本文デザイン	岡 睦、更科絵美（mocha design）
アドバイザー	ひろき
協力	松原陽子
編集	北川編子

美人時間ブック

つくおき ③ さん

時短、かんたん、パターンいろいろ

2017年5月20日　初版第1刷発行
2017年6月5日　　第3刷発行

著　者	nozomi
装　丁	岡 睦
発行者	田邉浩司
発行所	株式会社 光文社
	〒112-8011　東京都文京区音羽1-16-6
	電話　編集部 03-5395-8172　書籍販売部 03-5395-8116　業務部 03-5395-8125
	メール　bijin@kobunsha.com
	落丁本・乱丁本は業務部にご連絡くだされば、お取り替えいたします。

組版	堀内印刷
印刷所	堀内印刷
製本所	榎本製本

R <日本複製権センター委託出版物>

本書の無断複写複製（コピー）は著作権法上での例外を除き禁じられています。本書をコピーされる場合は、そのつど事前に、日本複製権センター（☎ 03-3401-2382、e-mail : jrrc_info@jrrc.or.jp）の許諾を得てください。
本書の電子化は私的使用に限り、著作権法上認められています。ただし代行業者等の第三者による電子データ化及び電子書籍化は、いかなる場合も認められておりません。

©nozomi 2017
ISBN978-4-334-97922-5　Printed in Japan